# COMPOSICIÓN
# PRÁCTICA

# COMPOSICIÓN PRÁCTICA

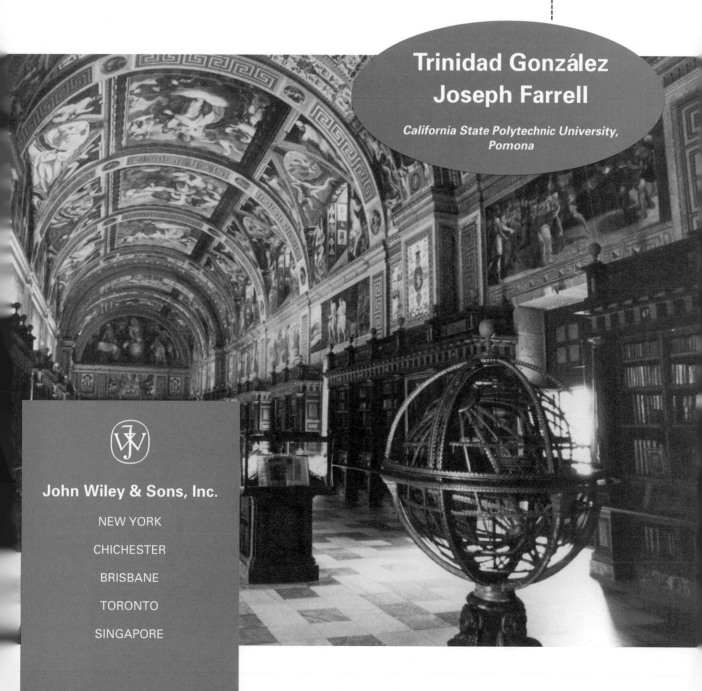

**Trinidad González**
**Joseph Farrell**

*California State Polytechnic University,
Pomona*

**John Wiley & Sons, Inc.**

NEW YORK

CHICHESTER

BRISBANE

TORONTO

SINGAPORE

ACQUISITIONS EDITOR   Mary Jane Peluso
DEVELOPMENTAL EDITOR   Kristin Swanson
MARKETING MANAGER   Debra Riegert
SENIOR PRODUCTION EDITOR   Jennifer Knapp
DESIGNER   Circa '86
MANUFACTURING MANAGER   Andrea Price
PHOTO RESEARCHER   Hilary Newman
ILLUSTRATION COORDINATORS   Rosa Lee Bryant, Anna Melhorn
COVER DESIGN AND ILLUSTRATION   Steve Jenkins

This book was set in10/12 Baskerville by Digitype and
printed and bound by R.R. Donnelley (Willard). The cover was printed by Lehigh Press.

*Library of Congress Cataloging in Publication Data:*
González, Trinidad
      Composición práctica / Trinidad González, Joseph R. Farrell. — 1st
ed.
          p.      cm.

      English and Spanish.
      Includes index.
      ISBN 0-471-58486-X (pbk.)
      1. Spanish language—Composition and exercises.   2. Spanish
language—Textbooks for foreign speakers—English.   I. Farrell,
Joseph. R. II. Title.
PC4420.G56      1994                                          93-37787
808'.0461—dc20                                                    CIP

## You can learn to write well in Spanish!

For an extremely fortunate small minority, good writing may be a natural gift, an innate endowment; unfortunately, however, the great majority of us were not born with such a talent. Nevertheless, we can all **learn** to write well—to write clearly, simply, and effectively. In order to develop good writing skills, we must practice and perfect certain important techniques. The purpose of *Composición práctica* is to provide the essentials you will need in learning to communicate well in written Spanish.

Our focus is on the building of **practical** writing skills, skills that will enable you to produce the kinds of writing you will very likely need in your everyday social or professional lives in our increasingly bilingual world. *Composición práctica* will help you to function and communicate effectively in Spanish.

Language teachers have learned that the more exposure students have to the foreign language they are studying, the better and faster they learn it. Consequently, we have written this textbook primarily in Spanish and at a level that an educated writer would use. For your convenience, we have included in each chapter a list of vocabulary words that you are unlikely to know. However, this list is just a point of departure, and you should expect to look up some words in the dictionary.

We include throughout the text well-written models to demonstrate the particular writing techniques that you will integrate into your own style. Simply reading many examples of good writing—examples from a variety of styles, genres, and epochs—will not teach one how to write well. Of course if we read enough of such examples we will eventually acquire an appreciation of good writing. However, being able to appreciate something is not the same as being able to do it.

**In order to write well you have to write!** Just as in acquiring and perfecting any other skill, it is necessary to practice if you are to become proficient and successful in writing. Thomas Wolfe, for example, once confessed that he had to write a million words before he achieved his ultimate style. So, while we do encourage you to read and to recognize in the works you read all the concepts that this book presents, the emphasis in the lessons is always on practicing your writing skills actively and repeatedly.

The message, then, is clear: with a little patience, some determination, and a lot of practice, you can indeed learn to write well in Spanish.

## A final word

Most of your coursework in Spanish up to now has probably concentrated on the study of grammatical structures and oral communication. However, if you plan to continue to use Spanish either in more advanced university courses or after graduation in your personal relationships or professional life, you will need to develop your written communication skills. That is precisely our reason for writing *Composición práctica*. We **know** that it works, and we know that you **can** learn to write successfully in Spanish!

Trinidad González
Joseph Farrell

# ACKNOWLEDGMENTS

We are deeply grateful to Mary Jane Peluso, Foreign Language Editor at John Wiley & Sons, for her steadfast encouragement and for her confidence not only in this project but in us as authors. We also feel extremely fortunate to have worked with Kristin Swanson, our Developmental Editor and Copyeditor, whose creativity, energy, patience, and gentle prodding were instrumental in transforming a manuscript into a textbook. For their conscientious work on this book we are appreciative and indebted to Jennifer Knapp, Senior Production Editor, and Hilary Newman, Associate Photo Editor, both of John Wiley & Sons, to Lic. Irma González for reading the manuscript for cultural and linguistic authenticity, and to Kristine Zaballos for her meticulous proofreading.

TRINIDAD GONZÁLEZ
JOSEPH FARRELL

# P R E F A C E

## *Basic structure of the text*

*Composición práctica* consists of one introductory lesson, twelve chapters, and five appendices. The introductory lesson covers the use of the dictionary, an indispensable tool students need to use to develop their own vocabulary for each chapter. The first four appendices address syllabification and word division, stress and written accent, capitalization, and punctuation. Instructors may work with these materials in class or require students to review the information outside of class. The fifth appendix is a correction key that explains the symbols instructors may use in correcting students' work.

The twelve regular chapters are organized to take students from the level of simple sentence formation to the level of organized and complex essay writing. Chapters 1 and 2 stress the different types of sentence structure—simple, compound, and complex. They are designed to help students avoid writing overly simple, monotonous sentences and to provide a solid foundation upon which to build written compositions.

Chapter 3 teaches students to develop a topic sentence into an effective paragraph, and in Chapter 4 students learn techniques for revising paragraphs to make them as clear, precise, and logical as possible.

Chapter 5 deals with advertising. This topic was included not only because some students may find themselves in need of these writing skills in employment in business or industry, but also because it teaches students the use of precise lexical selection to create an effect, to motivate, or to convince.

Chapter 6 teaches students to write and respond to invitations and short personal notes. In Chapters 7 and 8 (personal and business letters, respectively) students study the kinds of writing they would be expected to produce if they were to take a position with an organization with ties to Spanish-speaking countries, or if they simply wanted to maintain cordial social or business relations with Spanish-speaking friends or acquaintances. These are skills students will use for the rest of their lives.

Chapter 9 teaches the techniques of narrative writing, Chapter 10 focuses on descriptive writing, and in Chapter 11 students learn how to write a summary. Finally, Chapter 12 teaches students to combine the techniques they have learned in previous chapters to develop a thesis into an effective expository essay.

Available to instructors upon request is an Instructor's Manual containing a number of items to aid instructors who are teaching with *Composición práctica*. This manual contains a description of the authors' teaching philosophy and goals, an explanation their assumptions about writing and how those form the basis of the text, suggestions for integrating the text into various types of Spanish courses, chapter-by-chapter teaching tips, and answers to all single-response exercises.

## Organization of the chapters

Each chapter consists of the following sections:

- *Objectives*—identifies the specific type of writing taught in the chapter.

- *Para hablar del tema*—provides a brief list of useful vocabulary related to both the chapter theme (*la familia, la rutina diaria*, etc.) and to its specific writing focus (memo, personal letter, etc.) This list, meant to serve as a starting point, is supplemented by activities that encourage students to develop their own additional, personalized vocabulary.

- *Análisis*—introduces and explains the chapter's specific writing topic. It analyzes writing samples and details the process involved in completing the particular writing task described.

- *Para escribir mejor*—provides an authentic writing model followed by short prewriting activities that prepare students for the chapter's writing task.

- *Estructuras en acción*—focuses on one grammar point that is specifically related to the chapter's writing task. For example: **preterite versus imperfect** in the chapter dealing with narration, **adjective position** in the chapter on description, and so on.

- *A la prueba*—allows students to apply what they have learned in the previous sections to produce a finished piece of writing.

## Comments and Questions

We would enjoy hearing other teachers' and instructors' reactions to *Composición práctica* and how it works in their classrooms. If you have any questions or comments about this text, please address them to us c/o John Wiley & Sons, Inc., 605 Third Avenue, New York, NY 10158–0012.

Trinidad González
Joseph Farrell

# CONTENIDO

# Lección preliminar

## About dictionaries

Dictionaries are invaluable and indispensable not only in composition classes but also in daily life. This lesson will help you to use dictionaries effectively and efficiently.

There are several types of dictionaries available in bookstores and libraries: bilingual (Spanish-English/English-Spanish), Spanish-language, etymological, of synonyms (thesaurus), etc. A Spanish thesaurus, which will help you to avoid repetition of the same word, is highly recommended. However, when writing in Spanish it is **absolutely essential** to have at least two dictionaries: one Spanish and one bilingual. A bilingual dictionary will help you find words that you do not know in Spanish, and a Spanish-language dictionary will help you choose the word that best represents the meaning you want to convey.

Dictionaries vary widely in quality, purpose, and price. Some are geared to commercial or technical fields (medicine, business, law, etc.); others tend to be stronger in areas such as the arts or literature, while still others are more appropriate for general use. Since these reference tools are so important, you should consult your professor before you purchase them in order to learn which texts are best suited for a specific class's needs.

## How to use your dictionary

Even students with considerable knowledge of a foreign language often assume that the first word a dictionary gives is perfectly adequate to express the thought they have in mind. This assumption is naive, and all too often using the first word the dictionary lists results in poor word choices, which can lead to compositions that are imprecise, unclear, and sometimes difficult or even impossible to understand.

You should take the following steps to find the equivalent of an English word you don't know in Spanish. Suppose that you need to express the word **pawn**. There are several things you must consider. First, this word has several meanings in English:

1. a piece in a chess game

2. a person or entity used to further the purposes of another

3. something given in security

4. a hostage

5. the act of pawning

6. to risk

7. to give as security for payment

Which of these ideas is the closest equivalent to the thought you want to express? Suppose that the English sentence is "I pawned my watch." Look up the word **pawn** in the English-Spanish section of your bilingual dictionary. First of all, you must determine whether you are looking for a verb or a noun. In this case it's a verb; therefore, you go to the section that appears under the abbreviation *v.* (*verbo*). There you find the infinitive *empeñar* and the phrase *dejar en prenda.*

The next step is to verify whether these two translations are equivalent or not. Generally there are differences, whether slight or significant. At this point you should consult your Spanish-language dictionary. Based on the definitions of each term that you find there, you can then select the appropriate word. Some of the meanings you will find for *empeñar* are:

1. *dar o dejar una cosa en prenda*

2. *poner a uno por medianero*

3. *llenarse de deudas*

4. *insistir con fuerza*

In this case the first meaning solves the problem: both translations (*empeñar* and *dejar en prenda*) are equivalent. Therefore, the Spanish sentence can be either *Empeñé mi reloj* or *Dejé mi reloj en prenda.*

Unfortunately, the procedure is not always so simple. Sometimes the Spanish definitions are not sufficiently clear or discriminatory, or they may require you to look up other words in order to understand them. The process can become tedious and time-consuming, but it gets easier with practice, and the resultant precision and clarity of your writing are well worth the effort you invest. Consider, for example, the word **pawn** in a different context: "The pawn can move forward one square at a time." The function of the word has changed: it is now a noun associated with the game of chess. The dictionary lists several entries under the rubric *s.* (*sustantivo*):

1. *empeño*

2. *prenda*

3. *peón* (chess)

In this case the parentheses hold the key to the solution. The sentence can be expressed in Spanish as *El peón puede avanzar una casilla por jugada.*

The question of equivalency can be complicated. The remainder of this chapter looks at some of the most common problems and offers some strategies to help you resolve them. One example is the common practice in English of taking a root word and modifying its meaning by adding prepositions such as **off**, **back**, **on**, etc. Observe what happens with the English words **pay** and **pay off** (or **payoff**). As in the case of **pawn**, these two words can be used either as nouns or verbs. You cannot assume that

Spanish will use a preposition to change the meaning of the the root word, as is the case in English. On the contrary, the two concepts usually have two completely different forms in Spanish. Look at the following English meanings.

| | |
|---|---|
| pay | to give money in exchange for goods or services |
| | to give an indicated amount |
| | to yield a return |
| payoff | to make the final of a series of payments |
| | a bribe |

Now compare the words you would find in a bilingual dictionary.

pay      *v. pagar* (to remit), *costear* (to pay for), s*er provechoso* (to profit), *valer la pena* (to be worth)
           *n. pago* (payment), *paga* (payment), *sueldo* (salary), *recompensa* (reward)

payoff    *v. hacer el último pago* (to make the last payment), *sobornar* (to bribe)
           *n. arreglo* (arrangement), *pago* (payment), *soborno* (bribe), *cohecho* (bribe)

Obviously, the use of parentheses and abbreviations in dictionary definitions is extremely important. Pay close attention to them.

There is another way to determine if a word you find in the English-Spanish section of your bilingual dictionary is the best choice: look it up in the Spanish-English section and decide if it really has the meaning you want to convey. If you are still in doubt, then refer to your Spanish-language dictionary.

When two or more Spanish words have very similar meanings it is necessary to determine if they are truly synonyms. Perhaps one word is more appropriately used in a colloquial context while a different form has a more erudite or literary tone. Maybe the word you have found is used in Latin America but not in Spain, or vice versa. In other cases one language may have more words in a certain semantic area than the other language has, and the first language may create distinctions that cannot be translated from language to language with just one word. For example, to render the English noun **grin** into Spanish you must use a phrase such as *sonrisa burlona o maliciosa.*

Idiomatic expressions present yet another translation problem that can have serious implications in your writing. These are expressions whose overall meaning is not predictable from the usual, normal meaning of each of their component elements (**to kick the bucket, to hit the ceiling**, etc.) In most cases these expressions cannot be translated literally from one language into the other. For example, suppose you want to give the Spanish equivalent of the English sentence **Mark my words!** If you select one of the first options presented in the English-Spanish section of your bilingual dictionary and write *Marque mis palabras,* you have indeed translated the sentence literally into Spanish, but have not conveyed the **idea** or particular idiomatic sense of the English sentence. A small, very limited dictionary will not help you in these cases. A larger, more complete work will often prove more effective. If you explore all the possibilities you will probably find a close equivalent, such as ¡*Advierte lo que te digo!* or ¡*Recuerda mis palabras!* Always try to give the equivalent **sense** or **meaning** of the idiomatic expression rather than a literal translation of each individual word.

## *Exercises*

**A.** **Use your bilingual dictionary and your Spanish-language dictionary to supply information for each of the underlined words in the following sentences. Write**

- the Spanish word that is its equivalent
- the word's grammatical function (adjective, noun, etc.)
- the word's definition in Spanish

*Example:*  They <u>knocked</u> the wall <u>down</u>.
**a.** <u>derribar</u>
**b.** <u>verbo</u>
**c.** <u>echar a tierra paredes o edificios</u>

1. He gave me an <u>advance</u> for my work.

    **a.** _____

    **b.** _____

    **c.** _____

2. Miguel always acts <u>on impulse</u>.

    **a.** _____

    **b.** _____

    **c.** _____

3. That doctor is a <u>quack</u>.

    **a.** _____

    **b.** _____

    **c.** _____

4. We could hear the <u>quacking</u> of the ducks.

    **a.** _____

    **b.** _____

    **c.** _____

5. That terrible food made me <u>gag</u>.

    **a.** _____

    **b.** _____

    **c.** _____

6. Those <u>gags</u> were not very funny.

    **a.** _____

    **b.** _____

    **c.** _____

**B.** The following groups of words are related and could appear together in a bilingual dictionary. Refer to your dictionaries to explain the different meaning of each Spanish word indicated.

*Example:*   **head** (a) *cabeza,* (b) *cabecera,* (c) *jefe*
   **a.** *La cabeza es la parte superior de un animal.*
   **b.** *La cabecera es la parte superior de la cama.*
   **c.** *El jefe es el líder de un grupo.*

1. **wall** (a) *pared,* (b) *muro,* (c) *muralla,* (d) *tapia,* (e) *tabique*

   **a.** _____

   **b.** _____

   **c.** _____

   **d.** _____

   **e.** _____

2. **shower** (a) *regadera,* (b) *ducha,* (c) *aguacero,* (d) *chubasco,* (e) *chaparrón*

   **a.** _____

   **b.** _____

   **c.** _____

   **d.** _____

   **e.** _____

3. **skin** (a) *cáscara,* (b) *piel,* (c) *cuero,* (d) *pellejo,* (e) *corteza*

   **a.** _____

   **b.** _____

   **c.** _____

   **d.** _____

   **e.** _____

4. **screen** (a) *pantalla,* (b) *biombo,* (c) *cedazo,* (d) *mampara*

   **a.** _____

   **b.** _____

   **c.** _____

   **d.** _____

5. **chair** (a) *silla,* (b) *taburete,* (c) *cátedra,* (d) *sillón,* (e) *presidencia*

   **a.** _____

   **b.** _____

   **c.** _____

d. _____

e. _____

**C.** **Challenge! Form groups of three or four classmates. Your professor will ask each group to find a Spanish equivalent of <u>one</u> of the following idiomatic expressions.**

1. He's over the hill!

   _____

2. She hit the ceiling!

   _____

3. I freaked!

   _____

4. Don't throw in the towel!

   _____

5. That's mixing apples and oranges!

   _____

6. I lost my cool!

   _____

7. The old man finally kicked the bucket!

   _____

# La educación superior

1

## Objectives

**Upon completion of this chapter you should be able to**

- identify and create simple and compound sentences,
- utilize appropriate vocabulary to write about higher education,
- use direct and indirect object pronouns.

University students. Madrid, Spain.

## PARA HABLAR DEL TEMA

### Vocabulario esencial

Estudie las siguientes palabras y expresiones. Le pueden resultar útiles para entender el capítulo y escribir sobre la educación superior.

#### sustantivos

| | |
|---|---|
| la actividad ex-cátedra / la actividad extracurricular | extracurricular activity |
| el alumnado | student body |
| el (la) asesor(a) / consejero(a) | advisor |
| la asignatura | course |
| el (la) aspirante | applicant |
| el auditorio | auditorium |
| el aula (f.) / la sala de clase | classroom |
| la beca | scholarship |
| la biblioteca | library |
| el campus | campus |
| la cátedra | professorship |
| el (la) catedrático(a) | university professor |
| la ciudad universitaria | campus |
| el colegio / el liceo | secondary school |
| la conferencia | lecture |
| el cuatrimestre | quarter |
| los deportes | sports |
| el diploma | diploma |
| la escuela | school (primary, secondary), division of a university |
| la facultad | school (division of a university) |
| la inscripción | registration |
| la librería | bookstore |
| el (la) licenciado(a) | a person holding the degree similar to a Master's |
| la matrícula | registration fee |
| el periódico | newspaper |
| el plan de estudios | curriculum |
| el plazo de inscripción | registration period |
| la política estudiantil | student politics |
| el profesorado | faculty |
| el recinto universitario | university |
| la residencia estudiantil | dormitory |
| el semestre | semester |
| la solicitud | application form |
| el taller | workshop |
| el título | degree |
| el torneo | tournament |
| el trimestre | trimester |
| el (la) universitario(a) | university student |

*verbos*

**impartir / dar clases**          *to teach classes*
**solicitar**                      *to apply*

**A.** Lea la siguiente información.

# Master en periodismo UAM / EL PAÍS

La Fundación Escuela de Periodismo **UAM / EL PAÍS** anuncia que el plazo de inscripción para las pruebas de acceso para el próximo curso (sexta promoción) de la Escuela de Periodismo **UAM / EL PAÍS** quedará abierto en el mes de octubre, en fechas que oportunamente se publicarán.

Los estudios seguidos en dicha Escuela permiten optar al título de 'Master en Periodismo'. Este título, de acuerdo con lo establecido en la Ley de Reforma Universitaria, tiene rango de título propio de la Universidad Autónoma de Madrid.

El número de plazas es limitado, y los aspirantes han de realizar una serie de pruebas selectivas. Se requiere ser licenciado en cualquier Facultad Universitaria, Escuela Técnica Superior o, en el caso de los extranjeros, poseer un título equivalente.

El curso, de un año de duración (de enero a diciembre de 1992), se imparte de lunes a viernes, de 10.00 a 14.30 y de 16.00 a 20.30 horas.

El Plan de Estudios comprende asignaturas teóricas y prácticas, de carácter básico o complementario, impartidas a lo largo de dos sesiones académicas cuatrimestrales. Para pasar al segundo cuatrimestre se exige un periodo de prácticas en algún medio informativo, nacional o extranjero.

A partir del 2 de septiembre, la Secretaría de la Escuela facilitará información más detallada. Los interesados deben dirigirse a la Escuela de Periodismo **UAM / EL PAÍS**, calle de Miguel Yuste, 40, 28037 Madrid. Tel. (91) 327 05 18.

rango...*equivalent (rank)*

**B.** Conteste las siguientes preguntas sobre la información de la página anterior.

1. ¿Qué ventajas ofrecen los bonos de ahorro de los EE. UU. para los padres de los futuros estudiantes universitarios?

   _____

   _____

2. ¿Cuál es el costo aproximado de una educación universitaria hoy en día? ¿Cuál será el costo en unos dieciocho años?

   _____

   _____

**3.** ¿Qué tipo de título ofrece la Fundación Escuela de Periodismo UAM/El País?

_____

_____

**4.** ¿Qué deben hacer los estudiantes que deseen participar en este programa?

_____

_____

**5.** ¿En qué consiste el plan de estudios?

_____

_____

**6.** ¿Cómo pueden obtener información los interesados?

_____

_____

**C.** **Ahora haga una lista de las palabras del Ejercicio A que usted no conocía. Añada otros vocablos que le podrían ser útiles para escribir sobre la educación superior. Si es necesario, busque esos términos en su diccionario.**

_____   _____   _____

_____   _____   _____

_____   _____   _____

_____   _____   _____

_____   _____   _____

_____   _____   _____

_____   _____   _____

_____   _____   _____

_____   _____   _____

## ANÁLISIS DE ORACIONES

La manera de clasificar las oraciones en inglés y en español es similar. Esta sección va a darle a usted la oportunidad de revisar la oración en sus variantes, para ofrecerle la nomenclatura española y para invitarle a construir todo tipo de oración en sus trabajos. Además, un buen conocimiento de la oración y su estructura le ayudará a entender y a usar las reglas de la puntuación.

En su forma más básica, una oración es un grupo de palabras (o una palabra) que tiene por lo menos un **verbo independiente** y su **sujeto**. Afirma o declara, pregunta, pide o manda, o exclama algo.

*Ejemplos:*   La educación universitaria es cara. (Afirma o declara.)
¡Qué cara es la educación universitaria! (Exclama.)
¿Es la educación universitaria cara? (Pregunta.)
Piense usted más en su educación. (Manda.)

La oración es una entidad completa en sí misma; posee sentido sin necesidad de comentario adicional. Se puede clasificar en tres categorías fundamentales: **la oración simple, la compuesta y la compleja**. En este capítulo se estudian los dos primeros tipos. En el siguiente capítulo, se analizará la oración compleja.

## La oración simple

La oración simple es una sola cláusula independiente —un grupo de palabras que tiene un sujeto y un verbo y quizás uno o más modificantes— que no depende de ninguna información externa para ser completa. En su forma más sencilla, consiste en un sujeto y un verbo.

*Ejemplo:*   Beatriz   estudia.
(sujeto)  (verbo)

Algunas veces la oración simple requiere un complemento para que su sentido sea claro. Hay varios tipos de complementos. Puede ser un **complemento directo**, el cual nombra al receptor de la acción del verbo.

*Ejemplo:*   Los señores Sáenz compraron **bonos de ahorro**.
(complemento directo)

También puede ser un **complemento indirecto**, el cual nombra el sustantivo para el que (o a quien) se hace la acción del verbo. Es el recipiente de la acción.

*Ejemplo:*   La Dra. Núñez   **le** da consejos   **al aspirante**.
(complemento          (complemento
indirecto,             indirecto,
pronombre)            sustantivo)

**A.**  **Escriba en el paréntesis la función de las palabras subrayadas (complemento direc-to, complemento indirecto, sujeto, etc.).**

*Ejemplo:*   El técnico integra las estrategias de desarrollo.
(*complemento directo*)

**1.**  Los estudiantes de periodismo eligieron a Pilar presidenta del consejo estudiantil.
(_____)

**2.**  Le envió la solicitud al jefe del departamento.
(_____)

**3.** Por lo general, los universitarios no son ricos.

(_____)

**4.** El examen estuvo muy difícil.

(_____)

## *Los modificantes*

La oración simple puede amplificarse con el uso de **modificantes** —palabras o frases que describen un sustantivo o un pronombre, o indican cuándo, dónde o cómo se realiza la acción. En su forma más sencilla el modificante es una sola palabra: un adjetivo (palabra que califica un sustantivo) o un adverbio (palabra que califica un verbo, un adjetivo u otro adverbio).

> *Ejemplos:*  Es un curso **difícil**. (adjetivo)
> Lo explicó **claramente**. (adverbio)

Modificantes de más de una palabra pueden ser frases adjetivas, adverbiales o infinitivas. Observe los diferentes tipos de modificantes en las siguientes oraciones.

> *Ejemplos:*  Ésos son los libros **del curso de química**. (frase adjetiva con preposición)
>
> Los libros están **en el escritorio**. (frase adverbial con preposición)
>
> **Pensando en sus exámenes**, Ramiro no durmió en toda la noche. (frase adverbial con gerundio: **-ndo**)
>
> **Terminada la conferencia**, volvimos a casa. (frase adverbial con participio pasado: **-do**)
>
> Yo puedo **comprar los textos**. (frase infinitiva)
>
> Deseamos **obtener el máster en periodismo**. (frase infinitiva)

**B.** **Con otro estudiante, complete las siguientes frases u oraciones. Siga las indicaciones en paréntesis. Pueden usar los siguientes modificantes o crear los suyos.**

- terminada la presentación
- construir un nuevo edificio
- revisando la composición
- excelente
- declararse en huelga
- completado el ejercicio
- en agronomía

- siguiendo los consejos de su profesora

- rápidamente

- de tenis

*Ejemplo:*   La escuela de ingeniería abrió una nueva carrera...(frase preposicional)
*en ingeniería aeroespacial.*

1.  La universidad no ofrece cursos...(frase preposicional)

   _____

2.  Es un asesor...(adjetivo)

   _____

3.  La escuela de odontología necesita...(frase infinitiva)

   _____

4.  El cuatrimestre se pasó...(adverbio)

   _____

5.  (frase de participio pasado)..., los estudiantes le hicieron preguntas al conferen-
   ciante.

   _____

6.  El alumnado piensa...(frase infinitiva)

   _____

7.  (frase de gerundio)..., Elisa se matriculó en el curso de informática.

   _____

8.  (frase de participio pasado)..., Evangelina se lo entregó (*turned it in*) a la profesora.

   _____

9.  Tendremos un torneo...(frase preposicional)

   _____

10.  (frase de gerundio)..., descubrió que necesitaba más ejemplos.

   _____

## La oración compuesta

Una oración compuesta es la unión de dos oraciones simples que tienen una estructura
paralela o que están íntimamente relacionadas. Ésta es su característica más importante.

Si no existe una relación, las oraciones deben aparecer como simples. Es impotante distinguir entre una oración compuesta y una oración simple de sujeto compuesto o verbo compuesto: la oración compuesta tiene dos pares de sujetos y verbos, ambos completos y separables.

*Ejemplos:* **Mercedes y Rodolfo** son universitarios. (oración simple con **sujeto compuesto**)

Mercedes estudia medicina; Rodolfo sigue cursos en derecho. (oración compuesta)

Si las oraciones compuestas son paralelas (íntimamente relacionadas o con ideas paralelas), se usa un punto y coma (*semicolon*) para separarlas.

*Ejemplo:* Luis obtuvo su título en contabilidad; Elisa se graduó en administración de empresas.

Las demás oraciones compuestas usan una conjunción coordinante (**y**[1], **mas, pero, porque, o, ni, sino que, tampoco, también, por eso**, etc.) precedida de una coma para separar las dos oraciones.

*Ejemplos:* Me gusta el plan de estudios, pero algunas asignaturas parecen ser muy teóricas.

No voy a matricularme este semestre, sino que voy a esperar hasta el verano.

El secretario escribió la solicitud a máquina, y Celia la envió a la escuela de periodismo.

Hice el examen, pero todavía no sé el resultado de la prueba.

Use las oraciones compuestas para crear flexibilidad y variedad en el estilo de su composición.

# PARA ESCRIBIR MEJOR

## *Cómo identificar y escribir oraciones compuestas*

**A.** **Lea el siguiente trozo (*excerpt*).**

### Ese profesor Guerrero Fallas

En esta época de expertos pedagogos, de docentes con problemas y de demandas legales, encontrar un profesor como el Lic. Guerrero Fallas,

---

[1]Cuando las dos oraciones compuestas son muy cortas y usan la conjunción coordinante **y**, no es necesario usar la coma.

titular de la cátedra de historia, sería un escándalo digno de la radio y la televisión. Medía unos buenos dos metros, tenía voz de trueno° y vestía siempre de traje negro y corbata. Era un tirano absoluto y se enorgullecía° en serlo. Sabía que nadie escapaba a sus garras°, pero dictaba las mejores y más amenas° charlas de la facultad. Hablaba del tema que quería, y en su clase no había libros de texto ni programa de curso. Nosotros, pobres ignorantes, debíamos —según sus recomendaciones— tomar notas hasta de sus suspiros°.

*thunder*

*took pride / clutches / pleasant*

*sighs*

Al principio de cada lección, seleccionaba una víctima a quien le correspondía resumir las ideas principales de la clase anterior. Todavía oigo sus palabras: «Señorita Quesada» o «Señor Gutiérrez, ¿de qué hablamos en la lección pasada?» Durante la exposición del pobre compañero mantenía una expresión que un jugador de póker habría envidiado°. Nadie se atrevía° a preguntar el resultado de la prueba. Al final de cada trimestre, uno a uno pasábamos por un examen oral comprensivo y la clase entera presenciaba la agonía de los condiscípulos°. En un sistema en el que las calificaciones° iban de uno como la peor nota hasta el diez como la mejor, nunca se supo de nadie que obtuviera más de un nueve.

*envied / dared*

*classmates*

*grades*

Para sacar un diez en esta clase, decía, hay que saber más que el profesor, y eso es un imposible.

Con el transcurso de los años, se han borrado° de mi memoria los recuerdos de tantos maestros bondadosos y justos que me educaron, pero jamás podré olvidar al Lic. Guerrero Fallas.

*erased*

**B.** Encuentre tres oraciones compuestas en el trozo del Ejercicio A. Subráyelas y cópielas.

_____

_____

_____

_____

_____

**C.** ¿Cuáles son sus reacciones?

**1.** Obviamente, el profesor Guerrero Fallas era un personaje de contrastes. ¿Le habría gustado estar en su clase? Explique.

_____

_____

_____

_____

_____

**2.** ¿Ha tenido usted un profesor o profesora excepcional? Escriba una descripción breve de ese profesor o profesora y diga por qué le parece así.

_____

_____

_____

_____

_____

**D.** **Forme oraciones compuestas con las siguientes oraciones simples para evitar (_to avoid_) la repetición innecesaria. No olvide el uso de la coma o el punto y coma. Siga el ejemplo.**

*Ejemplo:*   La Facultad de Economía ofrece seminarios sobre las finanzas internacionales. La Facultad de Educación tiene conferencias sobre los diferentes sistemas universitarios.

*La Facultad de Economía ofrece seminarios sobre las finanzas internacionales; la de Educación tiene conferencias sobre los diferentes sistemas universitarios.*
o
*La Facultad de Economía ofrece seminarios sobre las finanzas internacionales, y la de Educación tiene conferencias sobre los diferentes sistemas universitarios.*

**1.** No hay requisitos para inscribirse. Los aspirantes deben realizar una prueba selectiva.

_____

_____

_____

**2.** Ricardo consiguió el empleo durante el verano. Ricardo no pudo pagar los derechos de matrícula este semestre.

_____

_____

_____

**3.** Para inscribirse en el instituto hay que llenar una solicitud. Para inscribirse en el instituto se requiere pagar $500.

_____

_____

_____

**4.** Susana obtuvo la tarjeta de la biblioteca. Susana no encontró el libro.

_____

_____

_____

**5.** Olga se retiró del curso. No le devolvieron su dinero.

_____

_____

_____

# TRUCTURAS EN ACCIÓN

## Object pronouns

In order to avoid the unnecessary repetition of direct and indirect object nouns, these words are often replaced by object pronouns.

*Examples:*     Mariana has studied **Spanish** (direct object noun), but she doesn't speak **Spanish**. (direct object noun)
(*Mariana ha estudiado español, pero no habla español.*)

Mariana has studied **Spanish** (direct object noun), but she doesn't speak **it**. (direct object pronoun)
(*Mariana ha estudiado español, pero no lo habla.*)

### Direct object pronouns

Direct object pronouns answer the question **Whom?** or **What?** as related to the verb. (I see **her**. He bought **it**.) Review the Spanish direct object pronouns:

**singular**

| | |
|------|------------------------------------------|
| *me* | me |
| *te* | you (familiar) |
| *lo* | him, it (masculine), you (formal, masculine) |
| *la* | her, it (feminine), you (formal, feminine) |

**plural**

| | |
|-------|------------------------------------------|
| *nos* | us |
| *os* | you (familiar) |
| *los* | them (masculine), you (formal, masculine) |
| *las* | them (feminine), you (formal, feminine) |

## Indirect object pronouns

Indirect object pronouns answer the questions **To whom/what?** or **For whom/what?** as related to the verb. (I'll show **her** the library. Please tell **us** where to register. Do **me** a favor.) Review the Spanish indirect object pronouns:

**singular**

| | |
|---|---|
| *me* | to / for me |
| *te* | to / for you (familiar) |
| *le* | to / for him, her, it, you (formal) |

**plural**

| | |
|---|---|
| *nos* | to / for us |
| *os* | to / for you (familiar) |
| *les* | to / for them, you (formal) |

Note: Third-person indirect object pronouns (*le, les*) usually accompany the corresponding indirect object nouns preceded by *a*. **This double usage is not considered redundant in Spanish.**

> *Examples:* **Le** *solicitó ayuda a* **la asesora.**
> **Les** *envió la solicitud a* **los estudiantes.**

## Placement of object pronouns

1. Both direct and indirect object pronouns are always placed immediately in front of a conjugated verb.

   > *Examples:* *Mariana ha estudiado español, pero no* **lo** *habla bien.*
   > *Pablo conoce al profesor y* **le** *habla a menudo.*

2. They are always attached to an **affirmative** command,

   > *Examples:* *Si usted quiere mejorar el español, practíque***lo**.
   > *Como tú conoces al profesor, hábla***le**.

   but must precede a **negative** command.

   > *Example:* *La profesora está ocupada; no* **le** *hables ahora.*

3. They **may be** attached to the end of an infinitive or a present participle (*-ndo*).

   > *Examples:* *Yo voy a hablar***le** *(al profesor).*
   > or
   > *Yo* **le** *voy a hablar.*
   >
   > *En este momento estoy hablándo***le**.
   > or
   > *En este momento* **le** *estoy hablando.*

## Two object pronouns

1. When two object pronouns accompany the same verb, the indirect pronoun always comes before the direct. Nothing may separate them.

*Examples:* She told **it** (direct object) to **me** (indirect object).
*Ella **me lo** dijo.*

She's going to tell **it** to **me**.
*Ella **me lo** va a decir.*
or
*Ella va a decír**melo**.*

**2.** When both object pronouns begin with the letter *l*, the first one (the indirect object) changes to *se*.

*Examples:* She told **it** (direct object) to **them** (indirect object).
*Ella **se** (originally *les*) **lo** dijo.*

She's not going to tell **it** to **them**.
*Ella no **se lo** va a decir.*
or
*Ella no va a decír**selo**.*

## Exercises

**A.** The following pamphlet exemplifies an effective use of direct and indirect object pronouns. Underline as many of these pronouns as you can, then copy each one on the lines that follow. (Hint: In this text, *se* is not an indirect object pronoun.)

BIBLIOTECA
DE LA
MISION

3359 de la Calle 24
SAN FRANCISCO

**COMO OBTENER UNA
TARJETA DE LA BIBLIOTECA**

**LA TARJETA DE LA BIBLIOTECA ES GRATIS**

Para llevar a su casa materiales de la biblioteca usted necesita tener su propia tarjeta. Para obtenerla, los adultos necesitan llenar una solicitud y mostrar una identificación con su dirección actual. Niños menores de 14 años necesitan la firma de uno de los padres o el guardián. La información suministrada es estrictamente confidencial y es sólo para el uso de la biblioteca. En caso que se le pierda la tarjeta, se le cobrará por reemplazarla. Usted puede utilizar la tarjeta en cualquier biblioteca pública de San Francisco.

**LOS LIBROS SE PRESTAN GRATIS**

La mayoría de los libros se prestan por tres semanas. Cassettes, videos, revistas y algunos libros se prestan por un tiempo más limitado. Si usted regresa el material después de la fecha de vencimiento se le cobrará una multa.

**PARA MAS INFORMACION
LLAME AL 695-5090.**

**EL PERSONAL DE LA BIBLIOTECA
HABLA ESPAÑOL.**

Biblioteca de la Misión
3359 de la Calle 24
San Francisco, CA 94110

◆

Teléfono: (415) 695-5090

◆

El horario de la Biblioteca:

| | |
|---|---|
| Lunes | 10-6 |
| Martes | 10-6 |
| Miércoles | 1-9 |
| Jueves | 1-6 |
| Viernes | 1-6 |
| Sábado | 10-6 |

**Nuestro personal habla español.**

is a program of the
California State Library
and supported by the
Library Services and
Construction Act.

Tipografía, Diseño, Producción: La Raza Graphics, SF

1. _____     3. _____

2. _____     4. _____

5. _____

**B.** Find two direct object pronouns in the following ad.

Su mejor ayudante para escribir con impecable ortografía en Inglés y Español.

¡Cómprelo ya en su librería o puesto de revistas favorito!

1. _____     2. _____

Why is each pronoun attached to its verb?

1. _____

_____

2. _____

_____

**C.** Identify the direct and indirect object pronouns in the ad on page 21. (Hint: Here *lo mismo* is used to mean "the same"; *lo* is not used as a direct object.)

1. direct object pronoun: _____

2. indirect object pronouns:

a. _____

b. _____

¿ Ya decidiste en qué
universidad vas a estudiar...?

No sé... casi todas son iguales...

Yo sentía lo mismo, hasta que fui al
**CENTRO UNIVERSITARIO GRUPO SOL**
vi sus planes de estudio y comprobé
las ventajas adicionales que te ofrecen...

**¡Visítalos, te conviene!**

Las opciones comprenden
**LICENCIATURAS:**

* **Derecho Fiscal**
* **Derecho Laboral**
* **Derecho Corporativo**
* **Contaduría Pública**
* **Ciencias de la Informática**
* **Administración Bancaria**
* **Administración y Finanzas**
* **Administración de Empresas**
* **Administración de Computación**
* **Administración de Empresas Turísticas**

**BACHILLERATOS:** (Preparatoria)

* **Ciencias Sociales**
* **Físico-Matemáticas**

**CENTRO UNIVERSITARIO GRUPO SOL**
Excelencia Educativa a tu Alcance...
para un mejor futuro profesional.

**MODULO DE INFORMACION:**
Av. Cuauhtémoc 52, Col. Roma, Tel. 578-78-15

**PLANTELES:**
CUAUHTEMOC, TEL 588-37-82  CENTRO, TEL. 512-05-40  GUADALAJARA,(9136) 25-45-58
SANTO TOMAS, TEL. 341-55-87  EDO. DE MEXICO, TEL. 343-29-73

**D.** **Combine the following simple sentences to create a compound sentence. Use object pronouns whenever appropriate to avoid repetition. Make all necessary changes and follow the example.**

*Example:* El asesor les explicó a los estudiantes cómo completar la solicitud. Les informó a los estudiantes que tenían que entregar la solicitud para el 2 de agosto.

*El asesor les explicó a los estudiantes cómo completar la solicitud; también les informó que tenían que entregarla para el 2 de agosto.*

Los Bonos de Ahorro de EE. UU. están exentos (*exempt*) de impuestos (*taxes*). Usar los bonos para la educación universitaria es una buena idea.

_____

_____

_____

_____

La Profesora Iglesias les informó a los estudiantes que habrá clase mañana. Les dijo a los estudiantes que habrá una prueba.

_____

_____

_____

_____

En esta clase, Omar está analizando la novela más reciente de Gabriel García Márquez. Josefina está leyendo la novela más reciente de Gabriel García Márquez para escribir un trabajo.

_____

_____

_____

_____

Javier compró sus libros de texto. Trajo sus libros de texto a la clase.

_____

_____

_____

_____

La librería universitaria no les da gratis la lista de asignaturas a los estudiantes. Les vende la lista de asignaturas a los estudiantes.

_____

_____

_____

_____

# A LA PRUEBA

**A.** He aquí (*Here is*) una lista de campos de estudio y de nombres de los profesionales que trabajan en esos campos. Familiarícese con este vocabulario.

| *Campo de estudio* | *Profesional* |
| --- | --- |
| administración de empresas | administrador(a) de empresas |
| administración hotelera | administrador(a) de hoteles |

| | |
|---|---|
| agronomía | agrónomo(a) |
| antropología | antropólogo(a) |
| arquitectura | arquitecto(a) |
| astronomía | astrónomo(a) |
| bellas artes | pintor(a), profesor(a), etc. |
| biología | biólogo(a) |
| contabilidad | contador(a) |
| derecho | abogado(a) |
| economía | economista |
| educación | maestro(a), profesor(a) |
| filosofía | filósofo |
| física | físico |
| historia | historiador(a) |
| informática | técnico en informática |
| ingeniería | ingeniero(a) |
| lenguas extrajeras | profesor(a), traductor(a), intérprete |
| lingüística | lingüista |
| literatura | crítico literario, literato(a), profesor(a) |
| matemáticas | matemático |
| medicina | médico(a), doctor(a), cirujano(a) |
| música | músico(a), profesor(a) de música |
| odontología | dentista, odontólogo(a) |
| periodismo | periodista, reportero(a) |
| psicología | psicólogo(a) |
| química | químico |
| sociología | sociólogo(a) |
| veterinaria | veterinario(a) |

**B.** **Trabajando en parejas, diga qué trabajos realizan dos de estos profesionales durante un día típico. Usen sus diccionarios si es necesario. Cuando sea posible, usen pronombres de complemento directo/indirecto.**

*Ejemplo:* *Un lingüista estudia y describe la estructura de los lenguajes humanos. Puede dedicarse a enseñarla o a hacer investigación.*

Un(a) _____

_____

_____.

Un(a) _____

_____

_____.

**C.**   **Con cuatro compañeros de clase, lea y estudie la siguiente descripción.**

## INGENIERO INDUSTRIAL EN PRODUCCION

### ¿QUIEN ES UN INGENIERO INDUSTRIAL EN PRODUCCION?

Es el profesionista capacitado para el diseño, implantacion y mejoramiento de sistemas integrados por personas, materiales y equipos, orientados a la producción.

### AREAS DE ESPECIALIZACION

- Producción
- Métodos de Trabajo
- Sistemas de Manufactura
- Control de Calidad
- Planeación y Control de Proyectos
- Ingeniería Económica
- Simulación de Sistemas Industriales

### HABILIDADES

- Elabora programas de producción.
- Diseña y mejora métodos de trabajo.
- Desarrolla modelos para pronósticos de demanda.
- Diseña e implanta sistemas de inventarios.
- Desarrolla procedimientos y políticas para el control total de calidad.
- Evalúa alternativas de inversión.
- Administra sistemas de manufactura.

### ¿DONDE TRABAJA?

**En una empresa manufacturera en los siguientes departamentos:**

- Control de Producción
- Embarques

- Ingeniería de Productos
- Superintendencia de Planta
- Mantenimiento
- Fabricación
- Aseguramiento de Calidad

**En empresas comerciales, bancarias, de servicio al público y servicios en general en los siguientes departamentos:**

- Ventas
- Organización y Métodos
- Ingeniería de Proyectos
- Gerencia General
- Mantenimiento
- Investigación y Desarrollo

*Preparando a los Líderes del Siglo XXI*

Ahora piensen ustedes en otra profesión (como contador, abogada, biólogo marino, dentista, profesora de español, etc.) y elaboren su propia descripción usando oraciones compuestas y pronombres cuando sea posible. Sigan los siguientes pasos:

1.   ¿Quién es?

_____

_____

_____

2.   ¿Cuáles son las áreas de especialización?

_____

_____

_____

**3.**   ¿Qué habilidades se necesitan?

_____

_____

_____


**4.**   ¿Dónde trabaja?

_____

_____

_____


Elijan ustedes ahora un miembro del grupo para presentar su trabajo a la clase.

**D.**   **En una hoja adicional (*an extra sheet of paper*), describa su carrera o especialización y entréguele su redacción a su profesor o profesora.**

## Más allá

Toda universidad tiene una serie de actividades extracurriculares. Discuta los siguientes temas con sus compañeros de clase. Luego escriba sus comentarios sobre uno de ellos. Use oraciones simples y compuestas para variar el estilo.

1. ¿Qué obras de teatro se han presentado últimamente en la universidad? ¿Han asistido a alguna? Hagan un comentario de una obra de interés del teatro universitario o de otro teatro.

2. ¿En qué deportes sobresale esta universidad? ¿Qué deportes les interesan a ustedes? Escriban un comentario sobre un partido emocionante jugado en el campus.

3. Mencionen algunas de las organizaciones estudiantiles de esta universidad. Describan una en detalle, explicando sus funciones y labores en el campus.

**Comentarios:**

# La familia

## Objectives

Upon completion of this chapter you should be able to

- identify and create complex sentences,
- utilize appropriate vocabulary to write about the family,
- use conjunctions and relative pronouns.

Family gathering. Bogotá, Colombia.

# PARA HABLAR DEL TEMA

## Vocabulario esencial

Estudie las siguientes palabras y expresiones. Le pueden resultar útiles para entender el capítulo y escribir sobre la familia.

### sustantivos

| | |
|---|---|
| **el (la) abuelo(a)** | *grandfather (grandmother)* |
| **el apellido**[1] | *family name, surname* |
| **el bautizo** | *baptism, christening party* |
| **el (la) bisabuelo(a)** | *great-grandfather (great-grandmother)* |
| **el (la) bisnieto(a)** | *great-grandson (great-granddaughter)* |
| **la boda** | *wedding* |
| **la comadre** | *name used reciprocally by the godmother and the parents of the child* |
| **el compadre** | *name used reciprocally by the godfather and the parents of the child* |
| **el (la) cónyuge / esposo(a)** | *spouse* |
| **el cumpleaños** | *birthday celebration* |
| **el (la) cuñado(a)** | *brother-in-law (sister-in-law)* |
| **la familia extensiva** | *extended family* |
| **la familia nuclear** | *nuclear family* |
| **el funeral** | *funeral* |
| **el (la) hermano(a)** | *brother (sister)* |
| **el (la) hijo(a)** | *son (daughter)* |
| **el hogar** | *home, household* |
| **el hogar de ancianos** | *retirement home* |
| **la madre** | *mother* |
| **la madrina** | *godmother* |
| **el marido / esposo** | *husband* |
| **el matrimonio** | *matrimony, married couple* |
| **la muerte** | *death* |
| **la mujer / esposa** | *wife* |
| **el nacimiento** | *birth* |
| **el (la) nieto(a)** | *grandson (grandaughter)* |
| **la niñera** | *nursemaid, babysitter* |
| **el nombre de pila** | *given name* |
| **el (la) novio(a)** | *boyfriend (girlfriend) / fiancé (fiancée)* |
| **el noviazgo** | *courtship* |
| **el padre** | *father* |
| **el padrino** | *godfather* |
| **el parentesco** | *family relationship* |
| **los parientes** | *relatives* |
| **el parto** | *act of giving birth* |

[1]Most Hispanics use two surnames: the first is paternal, the second maternal. *Example: Ana Rojas* (father's surname) *Loría* (mother's surname).

| | |
|---|---|
| **la pensión alimenticia** | *spouse or child support* |
| **la primera comunión** | *first communion* |
| **el (la) primo(a)** | *cousin* |
| **la quinceañera** | *girl celebrating her fifteenth birthday* |
| **el (la) sobrino(a)** | *nephew (niece)* |
| **el (la) suegro(a)** | *father-in-law (mother-in-law)* |
| **el (la) tío(a)** | *uncle (aunt)* |
| **el (la) tío(a) político(a)** | *uncle (aunt) by marriage* |
| **la vejez** | *old age* |
| **el (la) viudo(a)** | *widower, widow* |

*verbos*

| | |
|---|---|
| **casarse** | *to get married* |
| **enviudar** | *to become a widower or widow* |

*adjetivos*

| | |
|---|---|
| **materno** | *maternal* |
| **paterno** | *paternal* |

Nota: La forma masculina **plural** de muchos sustantivos que indican relaciones familiares puede referirse a ambos sexos.

| *Ejemplos:* | padres | *parents* | tíos | *uncles and aunts* |
|---|---|---|---|---|
| | hermanos | *siblings* | nietos | *grandchildren* |
| | hijos | *children* | abuelos | *grandparents* |

**A.**   Lea el árbol genealógico de la familia de Arturo Soto Díaz (página 31).

**B.**   Conteste las siguientes preguntas sobre la familia de Arturo Soto Díaz.

1.   ¿Quiénes son los bisabuelos de Arturo?

_____

2.   ¿Cuál es el apellido materno de la abuela de Arturo?

_____

3.   ¿Cómo se llaman los tíos de Arturo?

_____

4.   ¿Qué parentesco existe entre Arturo y Alicia Soto Cruz?

_____

5.   ¿Cuántos bisnietos tienen Pedro Soto y Rosa Alba?

_____

6.   ¿Qué relación existe entre Tomás Ríos y Laura Soto?

_____

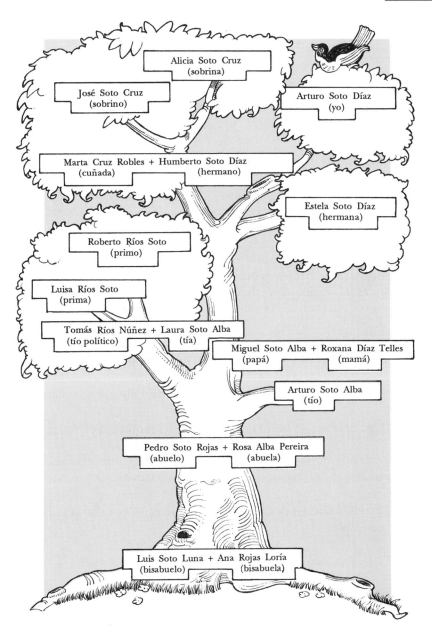

Alicia Soto Cruz
(sobrina)

José Soto Cruz
(sobrino)

Arturo Soto Díaz
(yo)

Marta Cruz Robles + Humberto Soto Díaz
(cuñada)                    (hermano)

Estela Soto Díaz
(hermana)

Roberto Ríos Soto
(primo)

Luisa Ríos Soto
(prima)

Tomás Ríos Núñez + Laura Soto Alba
(tío político)              (tía)

Miguel Soto Alba + Roxana Díaz Telles
(papá)                      (mamá)

Arturo Soto Alba
(tío)

Pedro Soto Rojas + Rosa Alba Pereira
(abuelo)                    (abuela)

Luis Soto Luna + Ana Rojas Loría
(bisabuelo)                 (bisabuela)

**C.** Haga una lista de otras palabras que le podrían ser útiles para escribir sobre la familia. Si es necesario, busque esos términos en el diccionario.

_____   _____   _____

_____   _____   _____

_____   _____   _____

_____   _____   _____

_____   _____   _____

_____   _____   _____

———————  ———————  ———————
———————  ———————  ———————
———————  ———————  ———————
———————  ———————  ———————

## ANÁLISIS DE LA ORACIÓN COMPLEJA

Imagine por un segundo la monotonía de la composición si sólo tuviéramos oraciones simples y compuestas. La oración **compleja** nos permite indicar en una sola oración la relación entre ideas. Contiene por lo menos una **cláusula principal** (independiente, con significado completo) y una o más **cláusulas subordinadas** (dependientes, que necesitan una cláusula principal para completar su significado). La cláusula subordinada puede aparecer al principio, intercalada (*embedded*), o al final de la oración. En los ejemplos de esta sección, las cláusulas subordinadas aparecerán entre corchetes (*brackets*).

*Ejemplos:*   [Cuando llegan a la vejez], los ancianos continúan en sus casas.

Los ancianos continúan en sus casas [cuando llegan a la vejez].

Los ancianos, [cuando llegan a la vejez], continúan en sus casas.

Para unir la cláusula subordinada a la principal, a veces se usa un pronombre relativo (**que, quien, el que, la que, las cuales**, etc.) o el adjetivo relativo **cuyo** (*whose*).

*Ejemplos:*   La tía Clara, [quien era soltera], siempre pasaba la Navidad con nosotros.

Vino la tía Esmeralda, [cuyos hijos estaban en Venezuela].

Usted va a aprender más sobre los pronombres relativos y el adjetivo **cuyo** en las páginas 37–40.

Otras veces, se emplea una conjunción subordinante para unir la cláusula subordinada a la principal. La conjunción subordinante puede indicar lo siguiente.

*Tiempo*

| | |
|---|---|
| **antes (de) que** | *before* |
| **cuando** | *when* |
| **desde que** | *since* |
| **después (de) que** | *after* |
| **en cuanto** | *as soon as* |
| **hasta que** | *until* |
| **mientras que** | *while* |
| **tan pronto como** | *as soon as* |

*Ejemplo:*   [**Después que** Ana se casó], se mudó a casa de sus suegros.

### Sitio

**donde, dondequiera**    *where, wherever*

*Ejemplo:*   La casa [**donde** vivían] estaba en el centro de la ciudad.

### Causa

| | |
|---|---|
| **porque** | *because* |
| **puesto que** | *since, inasmuch as* |
| **ya que** | *since (because)* |

*Ejemplo:*   [**Puesto que** mi abuela enviudó], ahora vive con nosotros.

### Concesión

**aunque**   *although*

*Ejemplo:*   [**Aunque** el divorcio representa el final del matrimonio], no tiene que suponer el final de la familia.

### Condición

| | |
|---|---|
| **a menos que** | *unless* |
| **con tal que** | *provided that* |
| **si** | *if* |
| **sin que** | *without* |

*Ejemplo:*   La quinceañera tendrá la fiesta en casa de los abuelos [**si** no encuentra un salón.]

### Propósito

| | |
|---|---|
| **de manera que** | *so that* |
| **para que** | *so that* |

*Ejemplo:*   [**Para que** la fiesta resulte más animada], invitaremos a toda la familia.

### Manera

**como**   *as, since*

*Ejemplo:*   [**Como** el costo de la vida es alto], a veces los recién casados viven con sus padres.

**A.**  **Subraye las cláusulas dependientes de las siguientes oraciones complejas.**

1.  Si la relación no mejora, Luisa piensa divorciarse.

2.  La boda a la que asistí tuvo lugar en la Iglesia de la Merced.

3.  La tía que más quiero vive en Cuernavaca.

4. Como te contaba, mi padrino fue un gran futbolista.

5. Para que vivieran más cómodamente, la abuela les hizo a los nietos un dormitorio en el segundo piso.

**B.** Relea las oraciones del Ejercicio A. Ahora, en los espacios siguientes, copie la palabra que une cada cláusula subordinada a la oración principal e indique si es un pronombre o una conjunción.

1. _____ : _____

2. _____ : _____

3. _____ : _____

4. _____ : _____

5. _____ : _____

**C.** Forme oraciones complejas con las siguientes oraciones simples. Use las conjunciones subordinantes de las páginas 32–33.

*Ejemplo:*
Oraciones simples:  Los niños no pueden ir al cine.
　　　　　　　　　　 Los padres no les dieron dinero.

Oración compleja:  *Ya que los padres no les dieron dinero, los*
　　　　　　　　　　 *niños no pueden ir al cine.*
　　　　　　　　　　　　　　　　 o
　　　　　　　　　　 *Los niños no pueden ir al cine porque los padres*
　　　　　　　　　　 *no les dieron dinero.*

1. Llueve. Mi abuelo y yo jugamos a las cartas.

_____

_____

2. El funeral terminó. Fuimos a la casa de la familia doliente.

_____

_____

3. Julián es pobre. Eva quiere casarse con él.

_____

_____

4. El matrimonio Rodríguez-Sánchez necesita una casa más grande. Ahora tienen cuatro hijos.

_____

_____

5. Eladio y Ángela se casaron. Los padres no lo supieron.

_____

_____

# A ESCRIBIR MEJOR

## *Cómo identificar y escribir oraciones complejas*

**A.** Subraye y copie al menos cinco cláusulas subordinadas (dependientes) de las oraciones complejas del siguiente texto.

**El divorcio, transición sin pelea**

Cuando uno se casa, lo hace convencido que es para toda la vida. Por eso, cuando la palabra divorcio hace su aparición, nos toma desprevenidos°. Si además se desconocen las leyes del divorcio, separarse de su esposo o esposa puede convertirse en una pesadilla° cara. Para evitar eso, es aconsejable que cada cónyuge establezca créditos a su nombre y que se paguen las deudas que tengan en común.

  El divorcio representa el final del matrimonio, pero no tiene por qué suponer el final de la familia. La mayoría de las leyes del divorcio fueron creadas para proteger la unidad emocional y financiera entre padres e hijos. Si usted es capaz de ver el divorcio como una transición hacia otro tipo de vida familiar, le será más fácil adaptarse a su nueva situación.

by surprise

nightmare

1. _____
   _____

2. _____
   _____

3. _____
   _____

4. _____
   _____

5. _____
   _____

**B.** Si usted fuera un (una) consejero(a) matrimonial, ¿qué ideas le sugeriría a un (una) cliente que está a punto de divorciarse? ¿Por qué?

_____
_____
_____
_____
_____
_____
_____
_____
_____
_____
_____

**C.** Un divorciado, quien ha estado pagándoles una pensión alimenticia a su esposa y supuesto (*presumed*) hijo, acaba de enterarse (*to find out*) por medio de un examen de sangre que en realidad el hijo no es suyo. La esposa alega que ella, de buena fe, siempre pensó que él era el verdadero padre. El esposo, por su parte, ha presentado una demanda judicial para suspender el pago de la pensión. ¿Debe seguir ayudando el padre al hijo? ¿Debe ser castigada la esposa? Usted y cinco otros compañeros de clase han sido escogidos para decidir el caso. Escriban el veredicto del jurado en las líneas que siguen y prepárense para darle una explicación de sus razones al resto de la clase.

_____
_____
_____
_____
_____

_____

_____

_____

_____

_____

# RUCTURAS EN ACCIÓN

· · · · · · · · · · · · · · · · · · · · · · · · · · · · · · · · · · · · · · · · · · · · · · · · · · · · · · · ·

## Relative pronouns

As you have learned, complex sentences often contain a subordinate clause introduced by a relative pronoun. The words **who**, **whom**, **whose**, **what**, **which**, etc. are relative pronouns in English. _Que, quien, cuyo,_ etc. are examples of Spanish relative pronouns. With very few exceptions, these words refer to a noun that has already been mentioned —the **antecedent**.

| | | | |
|---|---|---|---|
| _Examples:_ | _El primo_ | _**que** llamó..._ | The cousin | **who/that** called... |
| | (antecedent) | (pronoun) | (antecedent) | (pronoun) |
| | _La niñera_ | _con **quien** hablé..._ | The babysitter | with **whom** I spoke... |
| | (antecedent) | (pronoun) | (antecedent) | (pronoun) |

It is important to note that sometimes the English relative pronoun may be omitted; however, in Spanish it is **never** omitted.

> _Example:_    _El hogar **que** visitamos es muy unido._
> The household (**that** / **which**) we visited is very close-knit.

Familiarity with the following relative pronouns and their uses is a valuable prerequisite to good writing in Spanish.

### Que

This is the most commonly used relative pronoun. Its antecedent can be a person or an object, singular or plural. _Que_ functions as

1. the subject of a **restrictive** adjective clause (a clause that provides essential, indispensable information to identify or describe the antecedent). _Que_ is the _only_ pronoun that can be used in this situation.

> _Examples:_    _La tía **que** habló..._ (singular subject, antecedent is a person)
> _Los hogares **que** visitamos..._ (plural subject, antecedent is a thing)

2. the subject of a **nonrestrictive** adjective clause (a clause that adds some additional —but not essential— information about the antecedent). Nonrestrictive clauses are easily recognizable because they are always set off by commas.

*Example:*  *La abuela, **que** ya estaba cansada, decidió retirarse a dormir.*

**3.** a direct object.

*Example:*  *La casa **que** compró el abuelo está cerca de mi pueblo.*
(direct object, antecedent is a thing)

## Quien, quienes

This pronoun refers only to persons (or personified objects). *Quien* is used with a singular antecedent and *quienes* with a plural. *Quien/quienes* functions as

**1.** the indirect object.

*Example:*  *La joven a **quien** le celebran los quince años...*

**2.** the object of a preposition.

*Example:*  *Los primos con **quienes** hablamos...*

**3.** the subject of a **nonrestrictive** clause. In this function, *quien/quienes* can be replaced by *que.*

*Examples:*  *Los hijos, **quienes** habían jugado por horas, estaban agotados.*
or
*Los hijos, **que** habían jugado por horas, estaban agotados.*

**4.** the equivalent of such indefinite English expressions as **whoever, whomever, the one who, anyone who**, etc., when the antecedent is either indefinite or not expressed.

*Examples:*  ***Quien** no trabaja, no come.*
*Tengo que buscar **quien** me haga los quehaceres domésticos.*

## El / La / Los / Las que or El / La / Los / Las cual(es)

The relative pronoun *cual(es)* is more precise than *que*, which is invariable. Both of them are preceded by the definite article (*el, la, los, las*). In **written** Spanish, *cual(es)* is usually preferred.

**1.** *Cual(es)* occurs in nonrestrictive clauses when the distance between the antecedent and the relative pronoun could cause confusion or when there is more than one noun that could be the antecedent.

*Examples:*  *Mi hermano trajo las fotos del viaje, **las cuales** me encantaron.* (*Las cuales* refers to *fotos*. The **photos** are what delighted me.)
but
*Mi hermano trajo las fotos del viaje, **el cual** me encantó.* (*El cual* refers to *viaje*. The **trip** is what delighted me.)

**2.** In written Spanish, *el cual* is used more often than *el que* after prepositions of two or more syllables (*hacia, para, contra, dentro de, desde, sobre,* etc.) and after prepositional phrases (*después de, cerca de, lejos de, junto a,* etc.). However, *el que* is grammatically correct in these instances in both written and spoken Spanish.

> *Examples:*   *La aldea* (village) *cerca de **la cual** vivíamos está a unos veinte kilómetros de la capital.*
>
> or
>
> *La aldea cerca de **la que** vivíamos está a unos veinte kilómetros de la capital.*

**3.** When *el* (*la, los, las*) *que* occurs with no expressed antecedent, it is often equivalent to the English **the one(s) who**.

> *Example:*   ***El que** te llamó debe haber sido un pariente lejano.*

## Cuyo

This word, which is really an adjective (equivalent to the English word **whose**), is used with both persons and things. It is important to remember that it must agree in number and gender with the **noun possessed**, not with the possessor. It occurs more often in written Spanish than in the spoken language.

> *Examples:*   *La familia, **cuyos** miembros asistieron a la fiesta...*
> (Note that *cuyos* agrees with *miembros,* not with *familia.*)
> The family, **whose** members attended the party . . .
>
> *Éste es el padre **cuya** hija se casó sin avisar.*
> (*Cuya* agrees with *hija,* not with *padre.*)
> This is the father **whose** daughter got married without letting anyone know.
>
> *Mi hermana, **cuyo** auto usamos durante el viaje...*
> (*Cuyo* agrees with *auto,* not with *hermana.*)
> My sister, **whose** car we used during the trip . . .

## Lo cual

This pronoun is used when the antecedent is an **entire clause**, not just a word or phrase.

> *Examples:*   *Todos los hijos de la señora Araluce son muy corteses, **lo cual** no es nada de extrañar.*
> All of Mrs. Araluce's children are extremely polite, **which** is not at all surprising.

Note that the antecedent of *lo cual* is the entire clause *Todos los hijos de la señora Araluce son muy corteses,* **not** any specific noun.

## Lo que

This pronoun refers to a noun or a clause **previously expressed**. It is equivalent to **what, whatever,** or **that which**.

*Examples:* **Lo que** dijo papá nos sorprendió.
**What** Dad said surprised us.

*Mamá te comprará* **lo que** *quieras si te portas bien.*
Mom will buy you **whatever** you want if you behave.

## Exercises

**A.** **Read the following text and underline the relative pronouns.**

---

### HOMBRES FAMOSOS QUE SE ENAMORARON DE LA HERMANA DE SU ESPOSA

1- Herodes, quien incluso ejecutó a San Juan Bautista porque cuestionó su derecho a casarse con su cuñada. 2- Enrique VIII, quien sostuvo un sonado romance con María Bolena antes de que el muy apasionado rey se enamorara de su hermana Ana, a quien terminó cortándole la cabeza. 3- Mozart, el compositor, quien se enamoró primero de Aloysia Weber y terminó casándose con su hermana Constanza, al ser rechazado por Aloysia. 4- El escritor Charles Dickens, quien se enamoró de DOS de sus cuñadas y terminó divorciándose de su esposa a los 22 años de casados y después de tener 10 hijos. 5- El famoso Sigmund Freud, quien se enamoró perdidamente de la hermana de su mujer, Minna, a quien le confió todas sus ideas sobre el sicoanálisis, y de quien se afirma fue amante por más de 40 años. Lo más curioso es que Minna vivía en la misma casa de su hermana y cuñado, y para llegar a su dormitorio tenía que atravesar el dormitorio matrimonial de los Freud. 6- Y en épocas modernas tenemos el caso del armador griego Stavros Niarchos, quien primero se casó con Eugenia Livanos (de cuya súbita muerte se le acusó, aunque fue llevado a juicio) y después se casó con su cuñada Tina Livanos, quien había sido la esposa de su archirrival en los negocios, Aristóteles Onassis.

---

sonado...*celebrated*, rechazado...*rejected*, perdidamente...*hopelessly*, súbita...*sudden*

**B.** **Explain why the underlined relative pronouns are used in the following excerpt.**

*Example:* *It is the object of a preposition* or *it introduces a nonrestrictive adjective clause whose antecedent is _____ .*

El famoso Sigmund Freud, <u>quien</u> (1) se enamoró de...Minna, a <u>quien</u> (2) le confió todas sus ideas sobre el sicoanálisis, y de <u>quien</u> (3) se afirma que fue amante por más de 40 años... . Y en épocas modernas tenemos el caso del armador griego Stavros Niarchos, <u>quien</u> (4) primero se casó con Eugenia Livanos (de <u>cuya</u> (5) súbita muerte se le acusó)... .

    **1.** quien _____

_____

_____

**2.** a quien _____

_____

_____

**3.** de quien _____

_____

_____

**4.** quien _____

_____

_____

**5.** cuya _____

_____

_____

**C.** **Using a relative pronoun, combine the following simple sentences to create a complex sentence. Eliminate unnecessary repetition where possible. Follow the example.**

*Example:*   Simple sentences:      Herodes ejecutó a San Juan Bautista.
Herodes se casó con su cuñada.

Complex sentence:   *Herodes, quien ejecutó a San Juan Bautista, se casó con su cuñada.*
or
*Herodes, quien se casó con su cuñada, ejecutó a San Juan Bautista.*

**1.**   Simple sentences:   Enrique VIII se casó con Ana Bolena.
Enrique VIII le cortó la cabeza a Ana Bolena finalmente.

Complex sentence: _____

_____

_____

**2.**   Simple sentences:   Mozart se casó con Constanza Weber.
La hermana de Constanza Weber rechazó a Mozart.

Complex sentence: _____

_____

_____

3. Simple sentences: Minna vivió en la casa de Freud.
Minna fue amante de Freud.

Complex sentence: _____

_____

_____

4. Simple sentences: Stavros Niarchos fue un armador griego.
Stavros Niarchos se casó con Eugenia Livanos.

Complex sentence: _____

_____

_____

**D.** **Give Spanish equivalents of the following sentences.**

1. This is the woman whose son got married last week.

_____

_____

2. The house in which the Castro family lived was destroyed by an earthquake (*un terremoto*).

_____

_____

3. My cousin invited me to her wedding, which made me very happy.

_____

_____

4. Whoever has children has responsibility.

_____

_____

5. What Aunt Marta told me is a secret.

_____

_____

# A LA PRUEBA

**A.** **Lea el siguiente texto. Subraye los pronombres relativos y las conjunciones subordinantes en las oraciones complejas y observe su uso. Familiarícese con el vocabulario también.**

# No deje que el cólico de su bebé le arruine la vida

Los cólicos, de los que sufren casi todos los niños, son el primer misterio al que se enfrentan los padres: todos se sienten en igual medida impotentes frente a este fenómeno, sobre todo si se trata del primer hijo. No tienen causas específicas, no hay cura predecible y comienzan y terminan sin razón aparente. Afrontar° y vivir los cólicos de su bebé es un poco como un parto: cuando se acaban se siente uno merecedor° de la medalla al mérito. Y realmente la merece.

°to face
°deserving

El cólico se ha asociado a la inmadurez del sistema digestivo del bebé. Casi nunca aparece antes de las dos primeras semanas de vida del niño, justo cuando se empieza a disfrutar° del pacífico angelito. A menudo se les denomina «cólicos de noche» porque usualmente se producen a la misma hora todos los días, entre las seis y las diez de la noche. Los ataques de llanto°, que pueden durar tres o cuatro horas, hacen que los padres y el bebé se sientan los seres más miserables del planeta.

°to enjoy

°crying

Hay padres que, tratando de aliviar el problema, cambian la marca° de la fórmula del bebé. Sin embargo, se ha podido comprobar que los cólicos no se relacionan con lo que el niño haya comido; si así fuera, tendría ataques cada vez que come.

°brand

Darle el seno° al bebé provoca cólicos también, pero es recomendable amamantarlo° por dos razones: la leche es mucho más apropiada para el estómago del recién nacido, y el contacto con la madre es especialmente relajante y tranquilizador.

°Breast-feeding
°to nurse

Por lo general los cólicos desaparecen cuando el bebé tiene cuatro meses, aunque a usted le parezca que van a durar toda la vida. Mientras tanto, no tema pedirles ayuda a las personas con las que convive. A pesar de todo esto, es seguro que usted sufrirá los cólicos tanto o más que su bebé.

**B.** Con un(a) compañero(a) termine las siguientes oraciones complejas. Use un pronombre relativo o una conjunción subordinante para introducir la cláusula dependiente. (Refiérase a las páginas 32–33, si necesita repasar las conjunciones subordinantes.)

> *Ejemplo:*   El bebé tiene cuatro meses. Los cólicos desaparecen.
> Los cólicos *desaparecen cuando el bebé tiene cuatro meses.*

**1.** Todos los niños sufren de cólicos. Los cólicos desesperan a los padres.

Los cólicos, de _____

_____

**2.** Los padres se enfrentan a un problema. El problema no tiene cura.

El problema _____

_____

**3.** Los cólicos se acaban. Los padres se sienten héroes de una batalla tremenda.

Los padres se _____

_____

**4.** Se les denomina «cólicos de noche». Los cólicos aparecen a la misma hora por las noches.

Se les denomina _____

_____

**5.** La inmadurez del sistema digestivo es la razón. La inmadurez del sistema digestivo produce los cólicos.

La inmadurez del sistema digestivo es la razón por _____

_____

**6.** Los bebés tienen ataques de llanto. Los ataques de llanto pueden durar tres o cuatro horas.

Los bebés tienen _____

_____

**7.** El bebé se alimenta con fórmula. La fórmula no tiene nada que ver con los cólicos.

La fórmula con _____

_____

**C.** ¿Ya encontró su media naranja (*better half*) o aún la sigue buscando? En una hoja adicional, prepare una descripción de su compañero(a) ideal. Describa su personalidad, su aspecto físico y hable de sus gustos, hábitos y pasatiempos. Incluya por lo menos tres oraciones complejas en su trabajo. A continuación encontrará algunos términos que le podrían ser útiles para realizar este ejercicio.

### *Personalidad*

inteligente, con un buen sentido del humor, de buen carácter, trabajador(a), cariñoso(a), alegre, comprensivo(a), etc.

### *Aspecto físico*

moreno(a), rubio(a), de ojos (negros, café, azules), de pelo (rubio, castaño, negro, rizado, lacio), en forma, musculoso(a), bien vestido(a), limpio(a), etc.

### *Gustos, hábitos y pasatiempos*

aficionado(a) al..., jugador(a) de..., etc.

**D.** Ahora, trabajando en grupos de cinco, lean y discutan sus descripciones del Ejercicio C. Escojan la mejor y léanla al resto de la clase.

## Más allá

Discuta los siguientes temas con sus compañeros de clase. Luego escriba sus comentarios sobre uno de ellos. Use oraciones simples, compuestas y complejas para variar el estilo.

1. El núcleo familiar ha cambiado mucho. En el pasado la madre se quedaba en casa y el padre salía a trabajar. Hoy, ambos (*both*) trabajan y en algunos casos es el padre quien cuida de los hijos y está encargado de las labores del hogar. ¿Qué consecuencias han tenido estos cambios? ¿Les parecen los tiempos contemporáneos más justos y beneficiosos? Den sus ideas sobre los cambios en la familia tradicional.

2. Muchos ancianos terminan sus días alejados de (*far from*) sus parientes en un asilo (*retirement, nursing home*). ¿Permitirían ustedes que sus padres murieran en una institución para ancianos? Algunos piensan que los ancianos tienen mejor cuidado médico en un asilo y que se sienten mejor con personas de su misma edad y gustos. Otros creen que los ancianos pueden vivir más y mejores años si se quedan con sus parientes y ayudan con las tareas de la casa. Además muchos afirman que los ancianos sufren muchos maltratos y abusos en esas instituciones. ¿Cuáles son sus reacciones sobre este tema?

3. Uno de los más agudos (*pressing*) problemas de nuestra sociedad es el maltrato y abuso de niños y adolescentes. ¿Cuáles creen ustedes que son las causas? ¿Qué se podría hacer para disminuir este flagelo (*calamity*)?

Comentarios:

# La rutina diaria

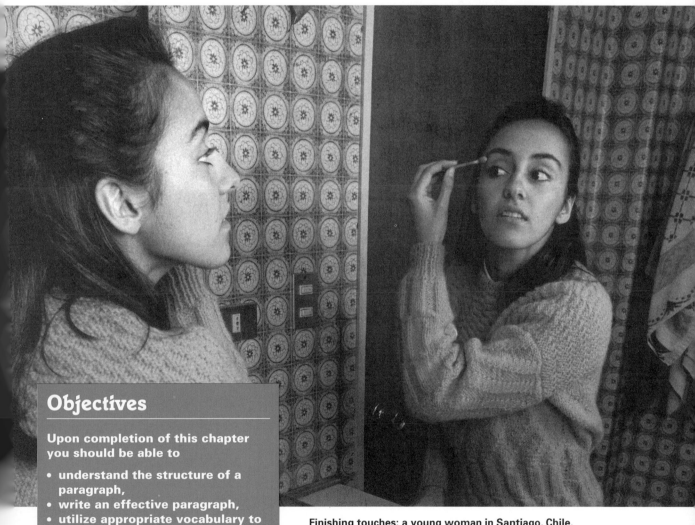

Finishing touches: a young woman in Santiago, Chile.

## Objectives

Upon completion of this chapter you should be able to

- understand the structure of a paragraph,
- write an effective paragraph,
- utilize appropriate vocabulary to write about your daily routine,
- use reflexive constructions.

## PARA HABLAR DEL TEMA

### *Vocabulario esencial*

Estudie las siguientes palabras y expresiones. Le pueden resultar útiles para entender el capítulo y escribir sobre la rutina diaria.

*sustantivos*

| | |
|---|---|
| **la agenda** | *agenda* |
| **el aseo** | *cleaning, cleanliness* |
| **la barbería** | *barbershop* |
| **el gimnasio** | *gym* |
| **la guardería infantil** | *day-care center* |
| **la higiene** | *hygiene* |
| **el horario** | *schedule* |
| **la iglesia** | *church* |
| **la peluquería** | *stylist's establishment* |
| **el salón de belleza** | *beauty shop* |
| **la sinagoga** | *synagogue* |
| **el templo** | *temple* |

*verbos*

| | |
|---|---|
| **acostarse (ue)** | *to go to bed* |
| **afeitarse / rasurarse** | *to shave* |
| **almorzar (ue)** | *to have lunch* |
| **bañarse** | *to take a bath* |
| **cenar** | *to have dinner* |
| **cepillarse los dientes** | *to brush one's teeth* |
| **cocinar** | *to cook* |
| **cortarse el pelo** | *to get a haircut* |
| **desayunar(se)** | *to eat breakfast* |
| **descansar** | *to rest* |
| **despertarse (ie)** | *to wake up* |
| **divertirse (ie, i)** | *to have fun* |
| **ducharse** | *to take a shower* |
| **hacer los mandados** | *to run errands* |
| **ir al banco** | *to go to the bank* |
| **ir de compras** | *to go shopping* |
| **lavar la ropa** | *to wash clothes* |
| **lavarse el pelo** | *to wash one's hair* |
| **levantarse** | *to get up* |
| **merendar (ie)** | *to snack* |
| **pagar las cuentas** | *to pay bills* |
| **pasar la aspiradora** | *to vacuum* |
| **peinarse** | *to comb one's hair* |
| **poner el despertador** | *to set the alarm clock* |
| **tomar una siesta** | *to take a nap* |
| **vestirse (i, i)** | *to get dressed, to dress* |

**A.** Lea el horario de Ernestina Ruiz, estudiante y madre.

martes         29  de  noviembre  de  1994

A.M.

6:00 _____

7:00 _____

8:00 _*llevar  a  Joselito  a  casa de  doña Emilia*_

9:00 _____

10:00 *~~salón de belleza~~   cita con  la  dentista*

11:00 *depositar los cheques y hablar con el gerente*

12:00 *almuerzo con Enrique y Sofía (Hacienda del Viejo)*

P.M.

1:00 _____

2:00 ___*examen de Filosofía 102*___

3:00 *ver Prof. Guardia (traer el borrador)*

4:00 *primera  clase  de  aeróbicos*

5:00 _____

6:00 _____

7:00 ___*cena  con  doña  Emilia*___

8:00 _____

9:00 _____

10:00 _____

**B.** Ahora, conteste las siguientes preguntas sobre las actividades de Ernestina Ruiz. Use su imaginación cuando sea necesario.

1. ¿Por qué no pudo ir al salón de belleza a las diez de la mañana?

_____

_____

2. ¿Quién es doña Emilia?

_____

_____

3. ¿Cuándo va a repasar para el examen de Filosofía 102?

_____

_____

**4.** ¿Adónde va a las once de la mañana?

_____

_____

**C.** Ernestina no especificó las actividades de todo el día. Use su imaginación y diga qué hizo a las...

7:00 A.M. _____

9:00 A.M. _____

5:00 P.M. _____

6:00 P.M. _____

8:00 P.M. _____

10:00 P.M. _____

**D.** Haga una lista de otras palabras que le podrían ser útiles para escribir sobre las actividades diarias. Si es necesario, busque esos términos en el diccionario.

_____  _____  _____

_____  _____  _____

_____  _____  _____

_____  _____  _____

_____  _____  _____

_____  _____  _____

_____  _____  _____

_____  _____  _____

_____  _____  _____

## ANÁLISIS DEL PÁRRAFO Y SU ESTRUCTURA

En los capítulos 1 y 2 se analizó la oración. Otra unidad más extensa y de mayor importancia es el párrafo. Previamente habíamos definido una oración como un grupo de palabras que expresa una idea o pensamiento. Un párrafo es un grupo de oraciones que expresan una idea o tema. Si no tuviéramos párrafos, una composición, por lo general, sería una larga lista de oraciones inconexas. La buena redacción exige que se desarrolle una idea central o tesis a través de varios pasos o etapas. Cada una de estas etapas representa un párrafo. Las oraciones en el párrafo se unen y se expanden para explicar la idea central que se desea comunicar al lector. Cada nuevo párrafo debe representar un cambio conspicuo de asunto, idea, énfasis, hablante, lugar, tiempo o nivel de generalidad. El párrafo señala las diferentes transiciones en el pensamiento del autor y ayuda a seguir el hilo del argumento.

Los párrafos varían en su tipo y estructura. Muchos contienen una oración que establece la idea central o tema. De ordinario, esta oración se denomina la **oración tópica**. Esta oración por lo común encabeza el párrafo, es la más general y está seguida de otras oraciones —**oraciones subordinadas**— que desarrollan el mensaje o pensamiento central.

Quizá, a través de sus estudios en inglés o en español, haya usted adquirido la falsa idea de que todo párrafo tiene que empezar con una oración tópica. Nada está más alejado (*further*) de la verdad. Si esto fuera cierto, las composiciones serían monótonas y predecibles. En realidad muchos párrafos carecen de (*lack*) una oración tópica, otros de oraciones subordinadas. Hay párrafos cuya función es establecer la introducción, otros la conclusión y otros que avanzan el argumento. Lo esencial es que cada nuevo párrafo cumpla una función lógica dentro de la supraestructura que representa el mensaje del autor.

Posibles tipos de oraciones en un párrafo:

1. **oración tópica**
   Ésta es la oración que representa la idea central del párrafo y debe ser la más general.

2. **oraciones de expansión**
   Estas oraciones fortifican, reestablecen, elaboran o proveen información o contexto para algún aspecto de la idea central del párrafo.

3. **oraciones restrictivas**
   Cuando estas oraciones ocurren en un párrafo, su función es restringir (*to restrict*) o establecer una limitación del tema central. Sirven para considerar una idea opuesta a la expresada por la oración tópica y son un buen recurso retórico para introducir un pensamiento contrario.

Lea el siguiente párrafo y observe la función de las oraciones.
1 = **oración tópica**, 2 = **oración de expansión** y 3 = **oración restrictiva**

   Soy esclavo del reloj (1). A las cinco me levanto, me baño, desayuno y salgo para la universidad (2). Al mediodía, si tengo tiempo, almuerzo (2). Por eso de las tres, llego a mi casa (2). Saco a los perros y a las cuatro estoy en el gimnasio (2). A las siete hago la cena y estudio (2). Claro que los fines de semana son muy diferentes (3). Los sábados por la noche son sagrados, mi período de diversión (2). Voy al cine, a un restaurante, a bailar —algo para escaparme de la monotonía (2).

**A.** **Identifique la función de cada una de las oraciones en el siguiente párrafo. Use el número 1 para la oración tópica, el número 2 para oraciones de expansión y el número 3 para las restrictivas. Use el párrafo anterior como ejemplo.**

A menudo se cae en hábitos insípidos de los cuales es difícil escapar (   ). Las labores monótonas del día, el tráfico de las autopistas y las exigencias del trabajo son en mucho responsables de esta situación (   ). Por falta de imaginación, muchos de nosotros dejamos que la rutina se apodere (*takes over*) de nuestra vida (   ). Nos convertimos en robots (   ). Los que sí saben vivir, en cambio, introducen innovaciones y mantienen una actitud positiva ante los retos (*challenges*) de la vida (   ). Usan el tiempo que pasan atrapados (*trapped*) en el automóvil, por ejemplo, para relajarse escuchando su música preferida (   ). Encuentran la oportunidad de ir al gimnasio o al salón de belleza y siempre saben modificar ligeramente su horario (   ).

Ahora quizá esté usted pensando: «Magnífico, pero, ¿qué debo hacer para escribir buenos párrafos?» La respuesta a esa pregunta no es fácil. La práctica y la observación cuidadosa, con el tiempo, otorgan (*yield*) esas habilidades. Primero que todo, determine el mensaje que desea comunicar al lector. Sin este paso, no existe una buena redacción. Luego, mentalmente o por escrito considere los pasos o divisiones que le llevarán a completar su mensaje. No se preocupe por la introducción ni la conclusión. Los mejores escritores dejan esos detalles para la revisión final.

Hay dos tipos de escritura: una versión espontánea donde dejamos que las ideas fluyan sin preocuparnos de posibles errores y correcciones, y otra refinada que entregamos al lector. Son estos dos procesos los que le permitirán entender y producir buenos párrafos.

Una vez que ha escrito una decena (*ten*) de oraciones, léalas cuidadosamente. ¿Expresan claramente su pensamiento? Ahora bien, ¿presentan solamente un punto de vista o son en realidad material para dos o más párrafos? El proceso de pulimento (*polishing*) debe continuar. Una oración subordinada nunca debe ser más general que la tópica. Si esto sucede, es muy probable que se necesite incluir esa oración en un nuevo párrafo.

¿Ha mantenido el enfoque constante o ha divagado (*digressed*) con información que no es pertinente al caso en discusión? Si hay ideas a favor y en contra, éstas deben organizarse en grupos separados para facilitarle al lector su comprensión.

Cuando la comunicación y la estructura del escrito estén claras, se debe continuar con la revisión de la gramática y del vocabulario. Es al releer un trozo que nos damos cuenta de los errores de gramática, de ortografía, de selección léxica, etc. Si usted tiene acceso a una computadora con un procesador de palabras, úsela. Estas máquinas son de gran ayuda para llevar a cabo (*carry out*) los procesos de lectura y autocorrección.

## PARA ESCRIBIR MEJOR
••••••••••••••••••••••••••••••••••••••••••••••••••••••••••••••••••••••••••

### *Cómo identificar oraciones tópicas y de expansión*

**A.**   **Lea el siguiente texto. Busque en el diccionario las palabras que usted no conozca.**

## La venerable tradición de la siesta

Parece que todo lo que nuestra avanzada y sabia° sociedad moderna desecha° o menosprecia° resulta ser, al fin y al cabo, de transcendental importancia. Hoy presenciamos la vindicación de una de las venerables tradiciones de nuestros abuelos: la siesta.

Se ha comprobado que entre la una y las cuatro de la tarde nuestra energía, actividad mental y facultad de concentración descienden a sus niveles° más bajos. Así pues, es prudente detenerlo todo y darse un descanso de unos treinta minutos como en los buenos tiempos de los trenes a vapor° y los fusiles de chispa°. La muy respetable sociedad japonesa ha sido la promotora de un nuevo movimiento para reinstituir la siesta. Antes de retirarse, el jefe circula por las oficinas para cerciorarse° que su rebaño° va a roncar° en formación de escuadrilla°. Al despertar, milagro° de milagros, la creatividad explota con una ganancia de un veinte por ciento.

No hay duda. La hamaca reemplazará la máquina cafetera. La siesta combate la tensión, el temor y la depresión. Reduce los problemas cardiovasculares, el ausentismo, los divorcios y favorece la vitalidad sexual, la memoria y la longevidad. La «siestología» será muy pronto una de las ramas° de la medicina y la terapia. No hay nada más que esperar. El remedio está al alcance° de todos.

Los iniciados hablan de la siesta «acuática» tendidos° sobre un flotador, o la siesta «campestre» bajo la sombra bienhechora° de un corpulento árbol. Hay quien se mete en sus pijamas y sigue un elaborado ritual. Yo me contento con la siesta, punto; ya en el sillón de la oficina, ya en la privacidad de la alcoba°.

El pasado tuvo gigantes de la siesta como Napoleón, Edison y Churchill, para nombrar unos cuantos. Hoy las generaciones del siglo veintiuno, cansadas y somnolientas°, acogen° a una vieja amiga. ¡Viva la siesta!

wise
casts aside / puts down

levels

steam / powder-flint rifle

to make sure / flock / snore / squadron / miracle

branches
reach
stretched
sheltering

bedroom

sleepy / welcome

**B.** **Siga las instrucciones para analizar la organización del texto.**

1. Busque la oración tópica del primer párrafo y cópiela.

_____

_____

2. Escriba usted en sus propias palabras la idea de la oración tópica del segundo párrafo.

_____

_____

3. Busque y copie una de las oraciones de expansión del segundo párrafo.

_____

_____

4. ¿Qué tipo de oración es la primera oración del tercer párrafo? (¿tópica, de expansión, restrictiva?) Explique por qué.

_____

_____

_____

_____

5. En el tercer párrafo no hay una oración que sobresalga claramente como la oración tópica. Escriba usted su propia oración tópica para este párrafo.

_____

_____

_____

**C.** **Lea la siguiente oración tópica.**

**La productividad de cualquier compañía aumentará considerablemente con una hora de siesta para todos los empleados.**

Ahora con otro(a) compañero(a), escriba tres oraciones restrictivas (oraciones que presentan una idea opuesta a la de la oración tópica) para contrastar con la oración tópica.

1. _____

_____

_____

2. _____

_____

_____

3. _____

_____

_____

**D.** Escriba usted ahora una página de su diario describiendo las actividades del fin de semana pasado. No olvide incluir una oración tópica y añadir oraciones de expansión o restricción. ¡Cuidado! ¡Su profesor(a) indiscreto(a) le puede pedir que la lea a la clase!

---

*Mi diario*

_____

_____

_____

_____

_____

_____

_____

_____

_____

_____

_____

---

# RUCTURAS EN ACCIÓN

## Reflexive pronouns

Reflexive pronouns are often used when writing or speaking in Spanish about one's daily routine. A reflexive pronoun always refers back to the subject. The subject is both the **doer** and the **receiver** of the action.

*Examples:*    Mom bathes them.    (not reflexive)
*Mamá los baña.*

               Mom bathes (herself).    (reflexive)
*Mamá se baña.*

Note that English often omits reflexive pronouns when the meaning is clear. (I bathe before going to bed. I shave.) Spanish **always** requires them. (*Me baño antes de acostarme. Me afeito.*)

1.  Reflexive pronouns in English are easily identifiable because they end in the suffix **-self / -selves** (**myself, themselves**, etc.). Spanish reflexive pronouns are identical to the nonreflexive direct or indirect object pronouns in the first and second persons; however, the third person reflexive (both singular and plural) is *se*. Remember, the reflexive pronoun always agrees in person and number with the subject.

| subject | reflexive pronoun |
|---------|-------------------|
| *yo* | *me* (myself) |
| *tú* | *te* (yourself) |
| *él, ella, Ud.* | *se* (himself, herself, yourself, itself) |
| *nosotros* | *nos* (ourselves) |
| *vosotros* | *os* (yourselves) |
| *ellos, ellas, Uds.* | *se* (themselves, yourselves) |

2.  Reflexive pronouns are always placed in front of a conjugated verb.

    *Examples:*   *Yo **me** baño.*
    *Ella **se** baña.*

They are always **attached** to an **affirmative** command, but must **precede** a **negative** command.

    *Examples:*   *¡Báñese!*
    *¡No **se** bañe!*

They may be either attached to or precede an infinitive or a present participle *(-ndo)*.

    *Examples:*   *Ella va a bañar**se**.*
    or
    *Ella **se** va a bañar.*

    *Ella está bañándo**se**.*
    or
    *Ella **se** está bañando.*

3.  All transitive verbs (verbs that can take an object) may be used either reflexively or nonreflexively in Spanish. Remember, when these verbs are used reflexively, the object is the same as the subject. For example: *¿Los niños? Mamá los baña y luego se baña ella.* (The children? Mom bathes them, then she takes a bath.)

| **nonreflexive** | **reflexive** |
|---|---|
| *Yo los acuesto.*<br>I put them to bed. | *Yo me acuesto.*<br>I go to bed. |
| *El barbero lo afeita.*<br>The barber shaves him. | *El barbero se afeita.*<br>The barber shaves (himself). |
| *Nosotros los sentamos.*<br>We seat them. | *Nosotros nos sentamos.*<br>We sit down (seat ourselves). |
| *Papá divierte a los niños.*<br>Dad amuses the children. | *Pero no se divierte él.*<br>But he's not enjoying himself. |

**4.** Whereas English uses a possessive adjective with articles of clothing and parts of the body (my hair, your teeth, his shirt, her blouse, etc.), Spanish uses the definite article. The possessor is indicated by an indirect object pronoun (either reflexive or nonreflexive).

| *Examples:* | *Yo me corté el pelo.* | I cut my hair. |
|---|---|---|
| | *Ella me cortó el pelo.* | She cut my hair. |
| | *Yo le corté el pelo.* | I cut her (his) hair. |
| | *Ella se cortó el pelo.* | She cut her hair. |
| | | |
| | *Yo me pongo la chaqueta.* | I put on my jacket. |
| | *Ella me pone la chaqueta.* | She puts on my jacket (for me). |
| | *Yo le pongo la chaqueta.* | I put on her jacket (for her). |
| | *Ella se pone la chaqueta.* | She puts on her jacket. |

**5.** The plural reflexive pronouns (*nos, os, se*) are sometimes used to express reciprocal actions, for which English uses **each other** or **one another**.

*Examples:*  *Mamá y papá siempre **se** hablan al desayunar.*
Mom and Dad always talk **to each other** while they eat breakfast.

*Siempre **nos** vemos en la clase de aeróbicos.*
We always see **each other** at aerobics class.

**6.** A few Spanish verbs assume a different meaning when they are used reflexively.

**reflexive verbs with special meanings**

| | |
|---|---|
| *ir* (to go) | *irse* (to leave, go away) |
| *dormir* (to sleep) | *dormirse* (to fall asleep) |
| *quitar* (to take away) | *quitarse* (to take off [clothing]) |

**7.**   Some verbs are always used reflexively in Spanish, but they do not necessarily imply a reflexive action. For example:

**other reflexive verbs**

| | |
|---|---|
| *acordarse* | to remember |
| *atreverse* | to dare |
| *quejarse* | to complain |

## Exercises

**A.**   **Look at the following text and then complete the items that follow.**

1. Find the reflexive verb construction in the text.

   _____

2. In this case, *se* cannot be attached to the infinitive *vestir*. Why?

   _____

   _____

   _____

**B.** **Now look at the following and complete the items below.**

**LOUIS FERAUD**

Bajo estas líneas, el modista Louis Feraud, en su mesa de trabajo, muestra algunos de los apuntes utilizados para inspirarse después y realizar el traje, en negro y blanco, de su «Snoopy»

1. Identify the reflexive construction in the caption.

   _____

2. It is not possible to change the position of the reflexive pronoun. Why?

   _____

   _____

**C.**   Observe the use of the pronoun *nos* in the following ad.

"¿Por qué nos cepillamos siempre con Crest, mami?"

"Porque nos ayuda a tener dientes sanos y una sonrisa bonita."

1.   In which sentence is *nos* used nonreflexively?

_____

_____

2.   In which sentence is *nos* used reflexively?

_____

_____

3.   Could the reflexive *nos* be omitted?

Yes _____

No _____

**D.**   Give Spanish equivalents of the following sentences.

1.   I always brush my teeth before showering.

_____

_____

2.   Rosita woke up at 7:00, then she woke up the children.

_____

_____

3. Dad usually puts the children to bed.

_____

_____

4. Get up early and don't complain!

_____

_____

5. Mom dresses the children first, then she gets dressed.

_____

_____

**E.** **Answer the following questions in complete Spanish sentences.**

1. ¿Prefiere usted bañarse o ducharse?

_____

_____

2. ¿A qué hora se despertaron ustedes esta mañana?

_____

_____

3. ¿Qué se pone usted cuando hace mucho frío?

_____

_____

4. ¿Cuándo fue la última vez que usted se durmió en clase?

_____

_____

5. ¿Por qué se queja usted tanto de su profesor(a) de español?

_____

_____

**F.** **Write in Spanish about your morning routine. You may use the following verbs or others you know:** *despertarse, levantarse, afeitarse, ducharse, cepillarse los dientes, desayunar, vestirse, peinarse, irse.*

_____

_____

_____

_____

_____

_____

_____

_____

_____

_____

_____

_____

_____

## A LA PRUEBA

**A.** **Nuestra energía física no está siempre al mismo nivel durante un día entero. Sube en ciertas horas; declina en otras. Para saber cuáles son sus horas de más o menos energía, califíquese usted mismo(a), cada hora, durante los tres últimos días. La calificación se hace de esta forma:**

1. sin energía

2. con poca energía

3. con bastante energía

4. con mucha energía

5. con energía extraordinaria

Califíquese desde la hora de despertarse hasta la hora de dormir. Luego saque un promedio (*average*) de los tres días. Entonces use el diagrama adjunto y conecte los puntos para obtener una guía de su ritmo biológico.

| | A.M. | | | | | | | P.M. | | | | | | | | | |
|---|---|---|---|---|---|---|---|---|---|---|---|---|---|---|---|---|---|
| | 6 | 7 | 8 | 9 | 10 | 11 | 12 | 1 | 2 | 3 | 4 | 5 | 6 | 7 | 8 | 9 | 10 |
| 1 | | | | | | | | | | | | | | | | | |
| 2 | | | | | | | | | | | | | | | | | |
| 3 | | | | | | | | | | | | | | | | | |
| 4 | | | | | | | | | | | | | | | | | |
| 5 | | | | | | | | | | | | | | | | | |

**B.** Ahora que usted ha descubierto su ciclo de energía, ¿qué puede hacer para aprovecharse de sus mejores horas del día? Compare su ciclo con el de otros tres compañeros. ¿Existen semejanzas? ¿Se podría hablar de un ciclo universal? Escriba un párrafo en el que explique sus ideas. No se olvide de organizar el párrafo con una oración tópica y de dar detalles con oraciones de expansión y oraciones restrictivas.

_____

_____

_____

_____

_____

_____

_____

_____

_____

_____

_____

_____

_____

_____

_____

**C.** Algunos profesores han notado que cuando se enseña un curso a las ocho de la mañana, los estudiantes producen mejores resultados que cuando se imparte el curso a la una. ¿Está usted de acuerdo con esta idea? ¿Se puede generalizar? ¿Se deberán las diferencias a (_Are the differences due to_) una pura coincidencia? Trabajando con un(a) compañero(a), escriba un párrafo que discuta esta tesis. Prepárense para presentar sus opiniones al resto de la clase.

_____

_____

_____

_____

_____

_____

_____

_____

_____

_____

_____

_____

_____

_____

_____

**D.** Transcurre el año 4992. Nuestros descendientes han colonizado el planeta Marte. Hace ya muchos años lograron descongelar (*they were able to defrost*) el agua atrapada en los casquetes polares (*polar ice caps*) y con la vida vegetal traída de la Tierra (*Earth*) crearon una atmósfera similar a la terrestre. Trabaje con dos compañeros más, y con un poco de fantasía escriban en una hoja adicional un párrafo sobre las actividades de Javier Rojas, estudiante de la Universidad Interplanetaria de Marcinia. Las siguientes ideas y expresiones le pueden ayudar en su trabajo.

enviar mensaje a la colonia en asteroide D5 / programar los robots / revisar la mininave (mini-ship) solar / preparar una comida al antiguo sistema terrestre, etc.

## Más allá

Discuta los siguientes temas con sus compañeros de clase. Luego escriba sus comentarios sobre uno de ellos. Organice sus comentarios en un párrafo completo con oración tópica, oraciones de expansión y oraciones restrictivas.

1. Las mujeres, por lo general, trabajan más que los hombres. Muchas tienen que enfrentarse a (*to face*) todas las labores domésticas y también cumplir con las responsabilidades profesionales de sus campos de trabajo. Además, los hombres no siempre ayudan con el cuidado de los hijos. ¿Están ustedes de acuerdo? Expliquen por qué.

2.  No se justifica la división de rutinas entre hombres y mujeres. En nuestra sociedad las labores se deben asignar sin consideración de sexo y es buena idea rotar las responsabilidades. En esta forma habrá verdadera justicia y mejor entendimiento entre los dos sexos. ¿Les parece buena idea? Defiendan sus opiniones.

3.  La rutina del mundo moderno llena los consultorios de los psicólogos, psiquiatras y médicos en general. La tensión emocional es muy alta. Casi todos los que viven en las grandes ciudades sufren de trastornos (*disorders*) estomacales, problemas cardíacos y alto colesterol. Apenas (*Scarcely*) hay tiempo para comer y relajarse. ¿Qué se puede hacer para aliviar esta situación tan difícil?

Comentarios:

# La comida

## Objectives

**Upon completion of this chapter you should be able to**

- understand the importance of clarity and precision in your writing,
- revise your compositions to make them clearer and more precise,
- utilize appropriate vocabulary to write about food, restaurants, eating habits, and nutrition,
- use passive voice and appropriate Spanish substitutes for English passive-voice constructions.

Paella. Sevilla, Spain.

## PARA HABLAR DEL TEMA
...........................................................................................................

### Vocabulario esencial

Estudie las siguientes palabras y expresiones. Le pueden resultar útiles para entender el capítulo y escribir sobre la comida, los restaurantes y la nutrición.

*sustantivos*

| | |
|---|---|
| el aceite | *oil* |
| la aceituna | *olive* |
| el aguacate / la palta (Argentina) | *avocado* |
| el ajo | *garlic* |
| la alimentación | *nutrition* |
| los alimentos | *food, groceries* |
| el apio | *celery* |
| el arroz | *rice* |
| el azúcar | *sugar* |
| el camarón | *shrimp* |
| la carne de res | *beef* |
| la cebolla | *onion* |
| el cereal | *cereal* |
| la cereza | *cherry* |
| el (la) cocinero(a) | *cook* |
| el colesterol | *cholesterol* |
| la comida | *food, meal* |
| los condimentos | *condiments* |
| la copa | *wine glass* |
| la cuchara | *spoon* |
| el cuchillo | *knife* |
| la ensalada | *salad* |
| las especias | *spices* |
| la frambuesa | *raspberry* |
| los frijoles / las judías (España) | *beans* |
| la gastronomía | *art of good eating* |
| el (la) gastrónomo(a) | *gourmet* |
| la grasa | *fat* |
| la harina | *flour* |
| el helado | *ice cream* |
| el horno | *oven* |
| el jamón | *ham* |
| el jarro | *mug* |
| la langosta | *lobster* |
| el libro de cocina | *cookbook* |
| el limón | *lemon* |
| la manzana | *apple* |

| | |
|---|---|
| los mariscos | *shellfish* |
| el menú | *menu* |
| el (la) mesero(a) / el (la) camarero(a) | *waiter, waitress* |
| la naranja | *orange* |
| la nuez | *nut* |
| la olla | *pot* |
| la papa / la patata (España) | *potato* |
| la parrilla | *grill* |
| el pavo | *turkey* |
| el perejil | *parsley* |
| el pescado | *fish* |
| la pimienta | *pepper* |
| la piña / el ananá (Argentina) | *pineapple* |
| el plato | *plate, dish* |
| el pollo | *chicken* |
| el postre | *dessert* |
| el puerco | *pork* |
| la receta de cocina | *cooking recipe* |
| la sal | *salt* |
| la sartén | *frying pan* |
| la taza | *cup* |
| el tenedor | *fork* |
| el tomate | *tomato* |
| el vaso | *glass* |
| el (la) vegetariano(a) | *vegetarian* |
| la zanahoria | *carrot* |

*verbos*

| | |
|---|---|
| asar | *to roast, broil* |
| condimentar | *to season* |
| freír (i, i) | *to fry* |
| guisar | *to stir-fry, cook* |
| hervir (ie,i) | *to boil* |
| hornear | *to bake* |
| tener apetito | *to have an appetite* |
| tostar | *to toast* |

*adjetivo*

| | |
|---|---|
| apetitoso(a) | *appetizing* |

*expresiones*

| | |
|---|---|
| ¡Buen apetito! / ¡Buen provecho! | *Enjoy your meal!* |

**A.** Lea el siguiente texto. Busque las palabras que no conozca en su diccionario.

# La dieta y el supermercado

Cuando usted se pone a dieta, el saber qué alimentos comprar es muy importante. Para ayudarle, tiene usted aquí tres consejos fundamentales para su viaje al supermercado:

1. Redefina su concepto de lo que es «una comida completa». Un buen sándwich puede contener una alimentación satisfactoria.
2. Nada es prohibido en cantidades limitadas.
3. Lea las etiquetas con cuidado. Hay platos que se anuncian como de bajas calorías, pero que contienen un alto porcentaje de grasa.

Además, tenga presente la siguiente información al pasearse por esos laberintos traicioneros de su tienda de comestibles:

### sección de productos lácteos

1. La leche descremada es buena con el café, el té o los cereales del desayuno.
2. El yogur de dieta es un excelente substituto de los aderezos para ensalada, y también lo puede agregar a las papas asadas.
3. Con el queso mozzarella, de bajo contenido graso, puede hacer una exquisita pizza vegetariana.

### sección de frutas y verduras

1. Usted puede usar todas las frutas y verduras frescas en ensaladas o hervidas como plato principal.

2. Añada legumbres congeladas a las sopas y frituras en caldo de pollo, o sírvalas con arroz.

**sección de carnes, aves y mariscos**

1. Con dos claras° y una yema° se hace una gran tortilla°, y le puede agregar verduras frescas o congeladas°. Evite el exceso de yemas y reduzca así el contenido de colesterol.
2. Las pechugas de pollo deshuesadas° son excelentes para agregar a ensaladas y verduras cocidas.
3. Compre el atún y el salmón enlatados° en agua, no en aceite. Los puede comer en sándwiches para el almuerzo o con arroz y una ensalada para la cena.

**sección de panes y granos**

Ponga en su canasta° pan o galletas de trigo integral, panecillos horneados° sin grasa y pastas frescas. Los supermercados modernos generalmente tienen una sección dietética. Búsquela. Se sorprenderá del buen sabor de estos productos.

**sección de condimentos y aderezos**

Las principales marcas de aderezos y aliños° tienen toda una gama de productos sin grasa y de bajo contenido calórico. En general, estos substitutos tienen agradable sabor.

　　　Ya ve, perder esas libras de más y sentirse mejor física y mentalmente no tiene que ser una tortura. Siga usted los consejos básicos cuando vaya al supermercado, y muy pronto tendrá resultados satisfactorios.

*egg whites/
yolk/omelette
frozen*

*boneless*

*canned*

*basket/baked*

*seasonings*

**B.** **Conteste las preguntas sobre la información del Ejercicio A.**

1. ¿Cuáles son los tres consejos fundamentales para quien visita un supermercado y está a dieta?

_____

_____

_____

_____

2. ¿Ha usado usted alguna vez la leche descremada o sin grasa? ¿Cómo podría emplearla una persona que está a dieta?

_____

_____

_____

3. ¿Qué ingredientes se podrían usar para preparar una perfecta pizza vegetariana?

_____

_____

4. En México y Centroamérica, una tortilla está hecha de maíz o harina. En otras partes de Latinoamérica y España una tortilla es un platillo diferente. ¿En qué consiste una tortilla española?

_____

_____

_____

5. Usted ha invitado a almorzar a un(a) amigo(a) que está a dieta. ¿Qué le podría ofrecer?

_____

_____

_____

**C.** **Ahora haga una lista de las palabras del Ejercicio A que usted no conocía. Añada otros vocablos que le podrían ser útiles para escribir sobre la comida, los restaurantes y la nutrición en general. Si es necesario, busque esos términos en su diccionario.**

_____  _____  _____

_____  _____  _____

_____  _____  _____

_____  _____  _____

_____  _____  _____

_____  _____  _____

_____  _____  _____

_____  _____  _____

_____  _____  _____

## ANÁLISIS DE LA CLARIDAD EN LA COMPOSICIÓN

Lea la siguiente adivinanza (_riddle_) y trate de descubrir la solución.

Oro no es.
Plata no es.
Si lees con cuidado,
sabrás qué es.
¿Qué es? _____

(solución al final de la página 74)

La anterior es una adivinanza bien conocida por muchos latinoamericanos. Su gracia consiste en la anfibología, es decir, el doble sentido.

Cuando se escribe, es de gran importancia revisar el trabajo para que éste no se convierta en una adivinanza para el lector. Como se dijo en el capítulo anterior, hay dos tipos de escritura: una vaga y confusa que se hace para uno mismo y otra clara y lógica que se presenta a un lector. Ambas juegan un papel importante en el proceso de la composición. Muchas veces se debe dejar que las ideas fluyan de la mente sin prestar gran atención a la forma. Sin embargo, una vez completada la sección o párrafo, es indispensable volver a lo escrito y corregir fallas (*faults*) lógicas, léxicas, gramaticales u ortográficas. Lea en voz alta su trabajo como si lo hubiera escrito otra persona. Ésta es una práctica que le ayudará a mejorar su labor grandemente.

Esta sección empezó con una adivinanza. Lea ahora el siguiente párrafo y compare la claridad del párrafo con la de la adivinanza.

---

Es un utensilio de cocina. Puede estar hecho de hierro° o de aluminio. Es circular, más ancho que hondo°, de fondo° plano y con un mango° largo. A veces la superficie interna está recubierta de una capa de teflón. Sirve para freír, tostar o guisar los alimentos.

¿Qué es? _____

(solución al final de la página 74)

> iron
> deep / bottom /
> handle

---

La claridad de una composición depende en mucho de una estructura lógica y de una forma léxica y gramatical correcta. Es posible que algunos escritores con mucha experiencia produzcan prosa clara sin necesidad de mucho esfuerzo. El neófito, por lo contrario, debe adherirse a la práctica de revisar su trabajo y de elaborar un plan que le permita seguir un desarrollo lógico.

Esto no implica que el estudiante se vea obligado a preparar un bosquejo (*outline*) formal **antes** de empezar a escribir. Recuerde que se había hablado de una prosa íntima en la cual se vierten (*spill out*) las ideas sin preocupaciones formales. Éste es el primer paso.

En el segundo, se debe establecer ese plan para comprobar que la composición está claramente expresada. No espere que su profesor o profesora le haga las correcciones. Descubra usted mismo los problemas. Aquí tiene una lista que le ayudará en sus trabajos de redacción (*editing*). Consúltela siempre antes de entregar la copia final.

---

### Lista de revisión

#### Fallas lógicas

|  |  | *Sí* | *No* |
|---|---|---|---|
| **1.** | ¿Tiene el párrafo más de una idea principal? | _____ | _____ |
| **2.** | ¿Está la idea central claramente expresada? | _____ | _____ |
| **3.** | ¿Desarrollan las oraciones del párrafo la idea principal? | _____ | _____ |

**4.** ¿Hay oraciones que introducen información no relacionada con la idea principal?

**5.** ¿Ha dado usted suficientes detalles y ejemplos para ilustrar la idea central del párrafo?

**6.** ¿Hay repetición innecesaria de ideas, información o ejemplos?

### *Fallas gramaticales*

|  | *Sí* | *No* |
|---|---|---|
| **1.** ¿Hay cambios innecesarios de tiempos verbales? | | |
| **2.** ¿Hay cambios injustificados de persona? | | |
| **3.** ¿Hay errores de concordancia (*agreement*)? (sustantivo / adjetivo, sujeto / verbo) | | |
| **4.** ¿Hay errores en el uso de: | | |
| **a.** los pronombres? | | |
| **b.** el subjuntivo y el indicativo? | | |
| **c.** el pretérito y el imperfecto? | | |
| **d.** la voz pasiva? | | |

### *Fallas léxicas*

|  | *Sí* | *No* |
|---|---|---|
| **1.** ¿Escogió usted la palabra que mejor expresa su idea? ¿La buscó en el diccionario de lengua española? | | |
| **2.** ¿Hay repetición innecesaria de la misma palabra? ¿Buscó un sinónimo? | | |
| **3.** ¿Hay traducción literal de expresiones idiomáticas del inglés? | | |
| **4.** ¿Se ajusta el vocabulario al tono y al nivel de la composición? (uso injustificado de coloquialismos, clichés, etc.) | | |

### *Fallas ortográficas y de puntuación*

|  | *Sí* | *No* |
|---|---|---|
| **1.** ¿Revisó la ortografía? | | |
| **2.** ¿Revisó el uso de las tildes (los acentos escritos)? | | |
| **3.** ¿Revisó la puntuación de cada oración? | | |

(Solución #1: el plátano)

(Solución #2: la sartén)

# PARA ESCRIBIR MEJOR

## *Cómo revisar un párrafo*

**A.** Lea cuidadosamente el siguiente texto. Busque en el diccionario las palabras que usted no conozca.

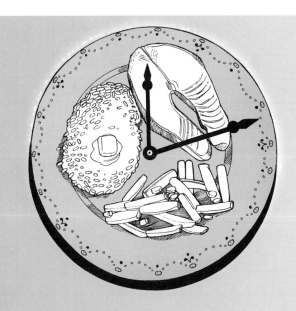

### El horario de las comidas

No todos los pueblos tienen las mismas tradiciones culinarias, ni el mismo horario de comidas. Lo que le parece obvio a un estadounidense promedio puede resultarle extraño o absurdo a un habitante de otra sección del planeta.

    México es un caso interesante. Allí se funden° las costumbres de una sociedad rural mestiza con las exigencias° de un mundo moderno en constante agitación. En el campo el desayuno es una comida ligera que se toma en las primeras horas del día. Consiste básicamente en un trozo de pan y una bebida, generalmente café. A mitad de la mañana viene el almuerzo —una comida más fortificante de huevos, tortillas y frijoles, por ejemplo. Es, en verdad, una excelente fuente de energía para las arduas labores agrícolas. Como en muchas otras zonas rurales del mundo, la comida principal del día se hace entre las dos y las tres de la tarde. Se le denomina «comida», y consiste en una serie variada de platos. En las últimas horas de la tarde, algunos mexicanos meriendan. La merienda es ligera. Finalmente, después de la puesta del sol°, se sirve la cena, también ligera.

    Hoy en las ciudades, las costumbres han variado. Los oficinistas no siempre tienen tiempo para almorzar y se contentan con una taza de café.

*combine*

*demands*

*sunset*

La «comida» es más liviana° y sin siesta, y muchos mexicanos se ven obliga-   light
dos a cenar en restaurantes después del trabajo. El progreso, para bien o
para mal, universaliza hasta la forma de comer.

**B.** Escriba usted ahora un párrafo semejante que describa sus propias comidas y el horario de las mismas.

_____

_____

_____

_____

_____

_____

_____

_____

_____

_____

_____

_____

_____

_____

**C.** Ahora relea lo que escribió. ¿Hay fallas lógicas, gramaticales, léxicas, de ortografía o de puntuación? Use la lista de revisión en las páginas 73–74 y haga las correciones necesarias.

**D.** Después de revisarlo, intercambie su trabajo con un(a) compañero(a). ¿Tiene usted ideas para ayudar a mejorar el trabajo de su compañero(a)?

## ESTRUCTURAS EN ACCIÓN

### Passive versus active voice

In active voice constructions, the subject is the **doer** of the action. In the passive voice the subject **receives** the action (is acted upon). Observe the difference:

**active:**   Fernando **prepared** the meal.
        _Fernando **preparó** la comida._

**passive:**   The meal **was prepared** by Fernando.
*La comida fue preparada por Fernando.*

True passive voice in Spanish uses the verb *ser* plus the past participle (*-do*), which must agree with the subject in gender and number. The agent of the action (almost always mentioned or implied) is normally introduced by *por*.

Although the true passive (*ser* + **past participle** + **agent introduced by** *por*) does exist in Spanish, it is used far less frequently than in English. Although often seen in **written** Spanish (in journalism and formal pieces), in everyday conversation it is usually replaced by the active voice or by a passive voice substitute.

## Passive voice substitutes

1. When the agent of an action is not expressed, is unknown, or is simply considered unimportant, a Spanish *se* construction often replaces the English passive voice. The verb agrees with the subject.

   *Examples:*   Dessert **was served** in the garden.
   *Se sirvió el postre en el jardín.*

   Where **was** the bread **bought**?
   *¿Dónde se compró el pan?*

   The vegetables **were prepared** ahead of time.
   *Se prepararon las verduras de antemano.*

   Jaime **was named** "chef of the year."
   *Se nombró a Jaime «cocinero del año».*

2. The indefinite third-person plural frequently substitutes for the passive voice when the agent is not indicated. The subject (they) is **impersonal**, and does not refer to anyone in particular.

   *Examples:*   Dessert **was served** in the garden.
   *Sirvieron el postre en el jardín.*

   Where **was** the bread **bought**?
   *¿Dónde compraron el pan?*

   The vegetables **were prepared** ahead of time.
   *Prepararon las verduras de antemano.*

   Jaime **was named** "chef of the year."
   *Nombraron a Jaime «cocinero del año».*

3. Some English passive voice constructions would be considered especially awkward (sometimes ungrammatical) rendered into the Spanish passive voice, even when the agent is mentioned.

   *Examples:*   **I was given** milk.
   *Me dieron leche.*
   *Se me dio leche.* (less common)

**I was given** milk by the waiter.
*Me dio leche el camarero.*

The girls **were seen** at La Frambuesa.
*Vieron a las chicas en La Frambuesa.*

The recipe **will be given to me**.
*Me darán la receta.*

The recipe **will be given to me** by Mom.
*Mamá me dará la receta.*

**We are served** a Spanish omelette.
*Nos sirven una tortilla española.*

4. When the verb indicates a **state or condition** (rather than an **action**), Spanish does not use passive voice or a passive voice substitute. Instead, the verb **estar** is used with the past participle.

> *Examples:*    The meal **was prepared** by the cook.
> (true passive voice)
> *La comida fue preparada por la cocinera.*
>
> but
>
> The meal **is** well **prepared**.
> (condition or state)
> *La comida está bien preparada.*

Do not overuse the passive voice in Spanish. Either an equivalent active voice construction or a passive substitute is preferred.

## Exercises

**A.** **Reread carefully «El horario de las comidas» on pages 75–76. Then find the Spanish passive voice substitutes for the following English passive voice constructions and write them below.**

1. . . . the customs of a rural mestizo society are fused with the demands of a modern world . . .

   _____

   _____

2. . . . breakfast is a light meal that is eaten early in the day.

   _____

   _____

**3.**  . . . the main meal of the day is eaten between 2:00 and 3:00 P.M.

_____

_____

**4.**  It is called "comida" . . .

_____

_____

**5.**  . . . after sunset, dinner is served  . . .

_____

_____

**B.  Rephrase the sentences, following the examples.**

_Examples:_    Se compró el pescado a buen precio.
_Compraron el pescado a buen precio._

El pescado fue vendido.
_Se vendió el pescado._

Compraron el pescado.
_Se compró el pescado._

**1.**  Los entremeses fueron preparados por Enrique, y se sirvieron antes de la comida.

_____

_____

_____

**2.**  En algunos países se almuerza al mediodía; en otros a las dos o a las tres de la
tarde.

_____

_____

_____

**3.**  La receta fue creada por un famoso cocinero cubano.

_____

_____

_____

4. Sirvieron la comida rápidamente.

_____

_____

_____

5. Allí hacen un pastel de frambuesa delicioso.

_____

_____

_____

**C.** **Write two Spanish passive voice _substitutes_ for each of the following English passive constructions.**

_Examples:_ Guests are served quickly and courteously.
_Se les sirve rápida y cortésmente a los comensales._
_Les sirven rápida y cortésmente a los comensales._

Paella is served there.
_Allí se sirve paella._
_Allí sirven paella._

1. The meat was purchased at the butcher shop.

_____

_____

2. Where are fresh fruits sold?

_____

_____

3. Helia was named "waitress of the month."

_____

_____

4. Breakfast is sometimes served in the dining room.

_____

_____

5. That dish is made with beans and cheese.

_____

_____

**D.** **Your Peruvian friend Matilde has all the ingredients for a Spanish omelette, but she doesn't know how to prepare it. Using a *se* construction, tell her in Spanish that . . .**

1.  First, the eggs are beaten.(*batir*—to beat)

    _____

    _____

2.  Next, the onions and potatoes are sliced. (*rebanar*—to slice)

    _____

    _____

3.  Then, the skillet is heated. (*calentar (ie)* – to heat)

    _____

    _____

4.  The onions and potatoes are fried in a little oil.

    _____

    _____

5.  Now, the eggs are put into the skillet.

    _____

    _____

6.  Finally, salt and pepper are added. (*agregar* – to add)

    _____

    _____

# A LA PRUEBA

**A.**  Lea la siguiente crítica sobre el restaurante «La Frambuesa». Busque y estudie las palabras que no conozca.

### La Frambuesa

Manteles° de color frambuesa, paredes de un rosado encendido°, salsa de frambuesa con el paté y el pato, postres de frambuesa small—«La Frambuesa» le hace honor al nombre tanto visualmente como gastronómicamente.

> **tablecloths / hot pink**

Aquí se ha creado un ambiente elegante, sofisticado. Grandes espejos, amplios sillones negros, luces indirectas tenues° y palmas en maceteras° de terracota hacen de este restaurante un lugar para escapar del trajín° diario.

> **soft**
> **pots**
> **hubbub**

Hay que felicitar al cocinero por su creatividad y excelentes dotes°. Los entremeses° incluyen un magnífico paté de la casa y berenjena° con aderezo de anchoas, aceite, vinagre y albahaca°. Se ofrecen también caracoles° en salsa de ajo y raviolis rellenos con hongos° en una salsa ligera de pimientos morrones° y crema.

> **gifts / appetizers**
> **eggplant / basil**
> **snails / mushrooms / sweet red peppers**

El menú tiene cuatro platos de pescado: un delicioso salmón hervido con salsa de mantequilla, hinojo° y albahaca ($17,50); pez espada°; atún; lenguado° con una salsa de vino blanco, crema y alcaparras° ($19,75). Siguiendo el tema del restaurante, el pato asado lleva una sabrosa salsa de frambuesas. Los carnívoros pueden disfrutar del solomillo° de res al coñac y pimienta negra, ternera° en vino tinto con setas° y cordero° asado ($18,75).

La sección de postres ofrece tartas de frambuesa, fresas o manzana, flan y pastel de chocolate. Los amantes del vino tienen una amplia lista de la cual escoger.

El servicio es rápido y el personal cordial. Se aceptan las tarjetas de crédito MasterCard, Visa y Amerocar. «La Frambuesa» está en el número 2134 de la avenida Marvista, entre las calles Primera y Salto. Necesita hacer su reservación al teléfono 2–34–67–95. El restaurante está abierto todos los días de las trece a las quince horas para el almuerzo y de las diecisiete a las veintitrés horas treinta para la cena.

*fennel*
*swordfish / sole*
*capers*
*room / lamb*
*sirloin/veal/type of mushroom/ lamb*

**B.** Escriba ahora  usted una crítica sobre su restaurante preferido. Comience por una descripción del lugar. Luego hable de los platos que se ofrecen y del precio promedio de los mismos.  Dé también información general sobre horas, teléfono, tarjetas de crédito que se aceptan, etc. Use substitutos de la voz pasiva cuando pueda y revise posibles errores de lógica, de gramática, de vocabulario según la lista de las páginas 73–74.

_____

_____

_____

_____

_____

_____

_____

_____

_____

_____

_____

_____

_____

_____

_____

_____

_____

**C.** Ayúdenos a organizar una comida con la clase de español. Denos su receta de cocina favorita. Escríbala en una hoja adicional. Recuerde ser preciso(a). Primero presente los ingredientes en el orden en que se van a usar y póngales el título **Ingredientes.** Luego, bajo el título de **Preparación,** vaya paso por paso explicando el proceso. Revise su trabajo y no olvide usar sustitutos de la voz pasiva.

## *Más allá*

Discuta los siguientes temas con sus compañeros de clase. Luego escriba sus comentarios sobre uno de ellos. No se olvide de revisar su composición para que sea clara.

1. Los regímenes alimenticios pueden causar serios trastornos somáticos (*physical*) y psicológicos. Hay muchas personas que viven siguiendo dietas sin control médico con la esperanza de alcanzar la figura perfecta. Sin embargo, terminan con más peso, enfermas y deprimidas (*depressed*). ¿Qué tipos de dietas conocen ustedes? ¿Hay alguna que es mejor? ¿Existe una solución buena para controlar el sobrepeso?

2. A menudo se escucha el refrán: «Usted es lo que come.». ¿Cuáles son las implicaciones de este dicho? ¿Están ustedes de acuerdo? ¿Por qué sí o no?

3. La mayoría de los humanos son omnívoros. Una minoría creciente piensa que una dieta vegetariana es mejor. Hagan dos columnas de pros y contras para ambas posiciones. Luego voten entre ustedes y decidan cuál sistema es más beneficioso. Expliquen sus razones.

Restaurante - Mesón
## Palacios
C/. Alfonso X El Sabio, 3
Teléfono 21 59 72
**T O L E D O**

FACTURA N.º ........................

MESA N.º  4

COMENSALES  1

Sr. D. ........................... 30 de  3  de 19

IMP. MORENO-VENTAS.-TOLEDO

| Cantidad | C O N C E P T O | PRECIO |
|---|---|---|
| 2 | Pan y Mantequilla . . . . . . . . . . . . . . . . | 120 |
|  | Sopa . . . . . . . . . . . . . . . . . . . . . . . . . |  |
| 1 | *Crema Verduras* | 475 |
|  | Entremeses . . . . . . . . . . . . . . . |  |
|  | Ensaladas . . . . . . . . . . . . . . . |  |
|  | Huevos |  |
| 1 | *Paella ( 1400 )* | 1400 |
|  | Merluza . . . . . . . . . . . . . . . . . . |  |
|  | Salmón . . . . . . . . . . . . . . . . . . . |  |
|  | Chuletas . . . . . . . . . . . . . . . . . . |  |
|  | Solomillo . . . . . . . . . . . . . . . . . |  |
|  | Entrecotte . . . . . . . . . . . . . . . . |  |
|  | Postres . . . . . . . . . . . . . . . . . . . |  |
|  | Vino . . . . . . . . . . . . . . . . . . . . . . |  |
|  | Agua . . . . . . . . . . . . . . . . . . . . . |  |
|  | Café . . . . . . . |  |
|  | Suma . . . . . . . . . . | 1995 |
|  | 6% I. V. A. . . . . . . . . | 120 |
|  | TOTAL . . . . . . . | 2.115 |

entremeses=appetizers

merluza=hake (fish)

solomillo=sirloin
entrecotte=filet mignon

**Comentarios:**

# ¡Un buen anuncio publicitario!

**5**

**Objectives**

Upon completion of this chapter you should be able to

- read and analyze advertisements,
- utilize appropriate vocabulary to write about advertising,
- use formal and informal commands,
- create advertisements and slogans for various products.

Advertisements.

## PARA HABLAR DEL TEMA

### *Vocabulario esencial*

Estudie las siguientes palabras y expresiones. Le pueden resultar útiles para entender el capítulo y escribir sobre los anuncios publicitarios.

#### *sustantivos*

| | |
|---|---|
| el ahorro | savings |
| el anuncio | ad |
| el asado | barbecue |
| la censura | censorship |
| el concesionario | franchise |
| el descuento | discount |
| la ganga | bargain |
| la gran rebaja | great sale |
| el lema | slogan |
| la marca | brand, make, mark |
| el nivel | level |
| la oferta especial | special offer |
| la oferta limitada | limited offer |
| el premio | prize, reward |
| la publicidad | advertising |
| el sabor | flavor |
| los seres queridos | loved ones |
| el servicio a domicilio | home delivery |
| el sorteo | raffle |

#### *verbos*

| | |
|---|---|
| ahorrar | to save |
| alquilar | to rent |
| confiar | to entrust, trust |
| disfrutar | to enjoy |
| dominar | to control, dominate |
| juzgar | to judge |
| respaldar | to back |

#### *adjetivos*

| | |
|---|---|
| confiable | trustworthy |
| grato(a) | pleasant |
| gratuito(a) | free |
| sobresaliente | outstanding |

#### *expresiones*

| | |
|---|---|
| en pagos cómodos | easy financing |
| los mejores precios | the best prices |

| los precios más bajos | *the lowest prices* |
| Satisfacción garantizada o le devolvemos su dinero. | *Satisfaction guaranteed or your money back.* |
| sin pago inicial, sin enganche | *no down payment* |
| Usted merece lo mejor. | *You deserve the best.* |

**A.** Lea los siguientes anuncios y haga los ejercicios que los siguen.

La vida está llena de gratas situaciones y de seres queridos que no deseamos olvidar. Conservar viva la vida es muy fácil con una HANDYCAM Video 8 de Sony: Usted escoge el tema y simplemente oprime un botón. Lo demás — foco, exposición, balance de blancos, nivel de sonido y el resto de las cosas con las que usted no se quiere complicar — la cámara las ajusta automáticamente.

Grabe hasta 2 horas continuas en un solo video-cassette. Para verlas de nuevo basta conectar su cámara a cualquier televisor. Así de fácil es usar una HANDYCAM TRAVELER: pequeña, liviana y sencilla de manejar.

¿Por qué conformarse con sólo un instante de los recuerdos? ¡Guárdelos completos y para siempre .con una HANDYCAM!

**SONY**®

Traveler **CCD - TR75**
Sonido stereo HiFi Zoom 8X

**Handycam**
Video 8

**...sus ojos, sus oídos, su memoria**

gratas...*pleasant*, Grabe...*Record*

**B.**   **Conteste las siguientes preguntas sobre los anuncios.**

1.   ¿A quién se dirige cada anuncio? ¿A la clase media, a una clase adinerada (*wealthy*), a estudiantes?

   **a.**  Sabor Sunbeam _____

   **b.**  Handycam Vídeo 8 _____

2.   ¿Por qué lo cree usted?

   **a.** _____

   _____

   _____

   **b.** _____

   _____

   _____

**C.**   **Ahora haga una lista de otras palabras del Ejercicio A que usted no conocía. Añada otros vocablos que le podrían ser útiles para escribir su propio anuncio o para hablar de la publicidad. Si es necesario, busque esos términos en su diccionario.**

_____   _____   _____

_____   _____   _____

_____   _____   _____

_____   _____   _____

_____   _____   _____

_____   _____   _____

_____   _____   _____

_____   _____   _____

_____   _____   _____

## ANÁLISIS DE ANUNCIOS

Los hispanos en los Estados Unidos y los países de habla española en general adquieren cada día más importancia. Muchas compañías norteamericanas están interesadas en la creación de anuncios para atraer ese mercado. Los mensajes comerciales ya no son una simple copia de los producidos en inglés. Las diferencias culturales y lingüísticas exigen ediciones originales para el público hispanohablante (*Spanish-speaking*). En un mundo en el que la publicidad es una parte inevitable de la vida profesional y personal, es muy importante saber juzgar y utilizar el lenguaje de un buen anuncio. El tipo de redacción que se presenta en este capítulo ofrece oportunidades para adquirir estas destrezas (*skills*).

Antes de escribir un buen anuncio publicitario es importante contestar cinco preguntas fundamentales:

1. ¿Dónde aparecerá el anuncio? ¿En una revista, una cartelera (*billboard*), un periódico, etc.?
2. ¿A quién se dirige la publicación? ¿A un grupo específico o al público en general?
3. ¿Cuál es el propósito del anuncio?
4. ¿Qué tipo de información se debe incluir?
5. ¿Debe dirigirse a las emociones del lector o la razón y la lógica?

Una vez obtenidos estos datos (*facts, data*), el paso siguiente es hacer un bosquejo. Lo esencial es llamar la atención del lector. Las estrategias pueden ser pictóricas o lingüísticas. A veces las leyes gramaticales y la puntuación se rompen para despertar el interés del lector. Los juegos de palabras son también comunes.

## «Cronos»

Para empezar, imagine usted que la compañía Cronos, productora de cronómetros (relojes muy precisos), necesita un anuncio que va a aparecer en revistas españolas con circulación nacional e internacional. El anuncio se dirigirá a un público de clase media alta o de clase adinerada. Ahora hay que responder a las cinco preguntas fundamentales. Una vez que se obtiene la información, es necesario pensar cómo introducir el cronómetro al mercado en una forma convincente e interesante.

**A.** **Antes de continuar, escriba usted aquí algunos adjetivos que, en su opinión, describen bien un cronómetro.**

_____  _____

_____  _____

_____  _____

Claro, la palabra **precisión**, esencia de un cronómetro, debe incluirse en el anuncio. Ahora bien, el polo, un deporte practicado por una clase adinerada, puede ser un buen medio para promover la venta de los relojes Cronos. Se debe establecer una relación entre el reloj y los campeones del deporte. En la primera línea se puede incluir la palabra **precisión** junto con otras que sugieran esta relación. Tal vez sea buena idea usar sólo mayúsculas (*capital letters*) y poner un punto (*period*) después de cada palabra para obligar al lector a hacer una pausa. Los vocablos **control** y **habilidad** podrían ser agregados también. Las palabras más importantes de la lista son **Cronos** y su característica intrínseca: la **precisión**. En una lista el primer y el último elemento son los más fáciles de recordar. Se escoge, pues, **precisión** como la primera palabra y **Cronos** como la última. Esta elección no es arbitraria. La colocación (*placement*) de la marca (*brand name*) al final de la enumeración también sugiere que este término representa un resumen de las ideas anteriores. Luego se dirá que los campeones del polo requieren precisión, habilidad y dominio del tiempo y que los relojes Cronos ofrecen estas características también. Después de escribir estas ideas, es hora de hacer las últimas correcciones de ortografía, gramática, puntuación y estilo. Vea usted el resultado:

# PRECISIÓN. HABILIDAD. CONTROL. CRONOS.

En el mundo del polo, hay ciertas características que distinguen a los auténticos campeones.

Precisión.   Habilidad.   Dominio del tiempo.

Características compartidas por cada uno de los relojes Cronos. Por eso, no es de extrañar que tantos líderes del deporte confíen a los expertos el control perfecto del tiempo. Su concesionario Cronos tiene el cronómetro que usted necesita.

Todos nuestros productos vienen respaldados por el sello de Cronos: relojería de gran tradición y solidez.

**B.** **Relea el anuncio de Cronos y luego conteste las siguientes preguntas.**

1.   ¿Cuáles son las características que distinguen a los campeones del polo?

   _____

   _____

2.   ¿Por qué confían los deportistas en los relojes Cronos?

   _____

   _____

3.   ¿Qué simboliza la marca «Cronos»?

   _____

   _____

## Aerolíneas El Quetzal

El siguiente anuncio va a aparecer en todos los diarios (*newpapers*) del país. El objetivo es convencer al público en general que la compañía Aerolíneas El Quetzal es diferente y superior.

**C.** **Mencione usted tres servicios que le debe ofrecer una línea aérea al viajero.**

1. _____

2. _____

3. _____

Al comienzo del anuncio se puede usar un juego de palabras. El vocablo **mundo**, con varias interpretaciones, se presta (*lends itself*) a ese objetivo. Se le puede usar dos o tres veces con diferentes significados en la primera parte. Se podría decir que El Quetzal es la línea favorita del mundo, luego que es el club más exclusivo del mundo y finalmente que incluye un verdadero mundo —enorme variedad. También se podría dedicar un párrafo por completo a enumerar las condiciones que casi todos desean disfrutar durante un viaje.

Se usará un orden cronológico en la presentación del párrafo. Se empezará por el momento del registro del equipaje, se continuará con el tipo de asiento, luego se podría mencionar un periódico, quizá un refresco y posteriormente la comida. Se terminará asegurando al posible viajero que sus más insignificantes caprichos (*whims*) serán obedecidos. La última etapa del trabajo serán las correcciones necesarias. Observe ahora el resultado final:

# EL QUETZAL

## LA LÍNEA AÉREA FAVORITA DEL MUNDO
## EN EL CLUB MÁS EXCLUSIVO DEL MUNDO LOS PRECIOS
## INCLUYEN «TODO UN MUNDO»

Ninguna otra línea aérea le ofrece una clase como la «Club», con la rapidez en el registro de equipaje, el asiento más tranquilo, el periódico más reciente, bebidas variadas, cocina gastronómica y el servicio más atento a los menores caprichos del viajero.

Le ofrecemos vuelos diarios de San Fermín a Islas Blancas a las 13:30 h. (con llegada a las 14:35 h.) y de Islas Blancas a San Fermín a las 9:30 h. (con llegada a las 10:35 h.).

Infórmese en su agencia de viajes o en nuestra oficina más cercana.

**D.** **Relea el anuncio anterior y conteste las siguientes preguntas.**

1. ¿Qué le ofrece la clase «Club»? _____

_____

2. ¿Dónde puede usted encontrar información sobre vuelos y horarios?

_____

_____

Estos detalles de la redacción que se han discutido en el caso de los anuncios comerciales son aplicables a todo tipo de composición. El escritor debe escoger las palabras con cuidado para crear un efecto especial, evocar sentimientos o tal vez convencer o divertir a su lector.

## PARA ESCRIBIR MEJOR

### Cómo crear un lema

Los anuncios intentan persuadir al público por medio de diversas estrategias. Pueden dirigirse a la razón o a las emociones del lector. Pueden dar muchos detalles sobre el producto o solamente crear una imagen general de sus beneficios. Lo importante es comunicar un mensaje breve y específico en pocas palabras, fáciles de recordar. Éste es el **lema**.

**A.** **He aquí algunos ejemplos en español de lemas famosos en los Estados Unidos. ¿Puede usted encontrar el equivalente en inglés?**

1. Has avanzado mucho, mujer.

_____

2. No salgas de casa sin ella.

_____

3. Es la verdadera cosa.

_____

4. ¡Está para chuparse los dedos!

_____

**B.** **Ahora le toca a usted. Escriba un lema en español para cada uno de los productos que siguen. Recuerde, hay que decidir a quién se va a dirigir el anuncio y expresar el mensaje a este grupo de una forma muy breve y atractiva.**

### Frugo

Es un jugo de frutas sin azúcar pero lleno de vitaminas, minerales y fibra. Es bajo en calorías y un poco más caro que los otros jugos de frutas. No es delicioso, pero es excelente para la salud.

1. lema: _____

_____

### Tócame

Es un radio que es muy barato y que se tira después de usarlo por más de 100 horas. Es tan pequeño que cabe (*fits*) en la oreja.

2. lema: _____

_____

### Superjefe

Es un reloj que incorpora un «beeper», una calculadora, un televisor, un radio y un teléfono pequeñísimo. Es muy caro y tiene una distribución limitada.

3. lema: _____

_____

### Tarjeta Esnob

Es una tarjeta de crédito que le permite al dueño o dueña entrar en clubes muy exclusivos, ir al frente de la cola (*line*) y recibir un descuento cada vez que la usa para alquilar una limosina.

4. lema: _____

_____

# TRUCTURAS EN ACCIÓN

## Commands

Since ads generally attempt to persuade an audience, they very often use the command or imperative form of verbs.

1. **Formal** or **polite** (*Ud., Uds.*) **COMMANDS**, both affirmative and negative, use the **present subjunctive tense**.

| | | | | |
|---|---|---|---|---|
| *comprar* | *Compre (Ud.).* | Buy. | *No compre.* | Don't buy. |
| | *Compren (Uds.).* | Buy. | *No compren.* | Don't buy. |
| *pensar* | *Piense (Ud.).* | Think. | *No piense.* | Don't think. |
| | *Piensen (Uds.).* | Think. | *No piensen.* | Don't think. |
| *salir* | *Salga (Ud.).* | Leave. | *No salga.* | Don't leave. |
| | *Salgan (Uds.).* | Leave. | *No salgan.* | Don't leave. |

2. **Informal** or **familiar** *(tú)* **COMMANDS**

   a. **Affirmative** commands of most verbs use the third-person singular of the **present indicative tense**.

   | | | |
   |---|---|---|
   | *comprar* | *Compra (tú).* | Buy. |
   | *escribir* | *Escribe (tú).* | Write. |

   b. **Affirmative** commands of a few common verbs are **irregular**.

   | | | | | | | |
   |---|---|---|---|---|---|---|
   | *decir* | *Di.* | Tell. / Say. | | *salir* | *Sal.* | Leave. |
   | *hacer* | *Haz.* | Do. / Make. | | *ser* | *Sé.* | Be. |
   | *ir* | *Vé.* | Go. | | *tener* | *Ten.* | Have. |
   | *poner* | *Pon.* | Put. | | *venir* | *Ven.* | Come. |

   c. **Negative** commands always use the **present subjunctive**.

   | | | |
   |---|---|---|
   | *comprar* | *No compres.* | Don't buy. |
   | *escribir* | *No escribas.* | Don't write. |
   | *decir* | *No digas.* | Don't say / tell. |
   | *hacer* | *No hagas.* | Don't do / make. |
   | *ir* | *No vayas.* | Don't go. |
   | *tener* | *No tengas.* | Don't have. |

   d. The **familiar plural command** (*vosotros*) is not used in most of the Spanish-speaking world. It is replaced by the *Uds.* **command**.

3. **Object pronouns** (direct, indirect, and reflexive) are **attached** to **affirmative commands**

   | | |
   |---|---|
   | *Dígamelo (Ud.).* | Tell it to me. |
   | *Dímelo (tú).* | Tell it to me. |
   | *Siéntese (Ud.).* | Sit down. |
   | *Siéntate (tú).* | Sit down. |

   (Note the use of the written accent.)

but **precede negative commands**.

| | |
|---|---|
| *No me lo diga (Ud.).* | Don't tell me (it). |
| *No me lo digas (tú).* | Don't tell me (it). |
| *No se sienten (Uds.).* | Don't sit down. |
| *No te sientes (tú).* | Don't sit down. |

Observe the use of **formal commands** in the Handycam ad on page 89 (*Grabe, ¡Guárdelos...!*) and in the El Quetzal ad on page 93. (*Infórmese.*) The **familiar commands** (*Míralo, Siéntelo, Córrelo, Visita*) in the following Honda ad lend a more informal, personal tone to the message.

# Amor a primera pista.

De la vista nace el amor. Y en la pista, el Accord Coupé de Honda te robará el corazón.

Su línea es moderna y deportiva. Muy de hoy y de acuerdo con tu excitante actividad. Su motor de 130 caballos de fuerza con inyección electrónica programada es potente como pocos.

Su andar es suave gracias a su sistema de suspensión de doble brazo en A. Además, en su interior alberga todos los detalles que lo hacen un super-auto. Después de todo, ha sido creado según la más avanzada ingeniería Honda.

Míralo. Siéntelo. Córrelo. El Accord Coupé. A simple vista y en la pista, hay que manejarlo para creerlo. Visita a tu concesionario Honda para probar uno.

**H O N D A**
¡Algo grande está pasando!

Accord Coupé EX

## *Exercises*

**A.** Find four commands in the following ad.

# ¡Gane un auto nuevo!

## Participe en el gran sorteo de

FINESSE

Degree

Suave

SALON SELECTIVES

**1 Gran Premio**
Dodge Daytona Shadow 1991

**5 Primeros Premios**
Carritos electrónicos para niños

**25 Segundos Premios**
Carros de pedales para niños

Para más detalles, vea las reglas en la forma de participación.

Ahorre hasta $1.95 con los cupones para productos de Helene Curtis.

1. _____ 3. _____

2. _____ 4. _____

Now change them to familiar, less formal commands:

1. _____ 3. _____

2. _____ 4. _____

**B.** Change the line *Disfrute Su Elegancia* to "Don't dream (about) its elegance —enjoy it!"

El Totalmente Nuevo

**CAMRY del '92**

Disfrute Su Elegancia.

*"Estás hecho para mí."*

**TOYOTA**

¡_____!

**C.** Create one negative and one affirmative command related to the following products:

# DE ACUERDO

S uaviza la situación con Pert Plus, una

fórmula única de shampoo y acondicionador en uno,

que deja tu cabello suave y sedoso.

PERT PLUS,® LA SUAVIDAD QUE SIEMPRE HAS QUERIDO.

1. _____

2. _____

Sabores exóticos en los helados Goya

1. _____

2. _____

1. _____

2. _____

## A LA PRUEBA

**A.** Con sus compañeros de clase (en grupos de tres estudiantes cada uno), inventen un producto que quieran vender. Decidan qué beneficios ofrecerá al consumidor, dónde se va a vender (en tiendas, por correo, a domicilio [*door-to-door*], etc.) y cómo se va a llamar. Después, traten de crear un lema o una campaña de publicidad para el producto (el mensaje que la publicidad va a comunicar, a quién se dirige la publicidad, dónde lo van a anunciar —en los periódicos, en las revistas, en la radio, en la televisión, por teléfono, etc.). Hagan una lista de todas las decisiones.

_____

_____

_____

_____

_____

_____

_____

_____

_____

_____

_____

_____

_____

_____

**B.**   Ahora cada estudiante del grupo escribirá su propio anuncio para el producto del Ejercicio A. Haga un dibujo o ilustración en el espacio y escriba luego su anuncio.

*(dibujo)*

_____

_____

_____

_____

_____

_____

_____

_____

_____

_____

_____

_____

_____

_____

**C.** Reúnase ahora con su grupo. Comparen los anuncios que prepararon y ofrezcan sugerencias de cómo mejorarlos. Escojan el anuncio favorito del grupo y preséntenlo a la clase.

**D.** Incorporando las sugerencias del grupo, rescriba su propio anuncio en una hoja adicional y entrégueselo a su profesora o profesor.

## Más allá

Discuta los siguientes temas con sus compañeros de clase. Luego escriba sus comentarios sobre uno de ellos.

**1.** ¿Nos dice la publicidad la verdad siempre? ¿Pueden ustedes pensar en algunos ejemplos de anuncios que exageren o tergiversen (*misrepresent*) la verdad? ¿Se debe responsabilizar o enjuiciar (*to sue*) a las televisoras, los periódicos, etc., que publiquen anuncios falsos?

**2.** La publicidad a menudo es sexista y no presta atención a las diferencias étnico-culturales. Mencionen algunos casos que ustedes hayan notado. ¿Qué se prodría hacer para mejorar la calidad de los anuncios en este aspecto?

**3.** ¿Hasta qué punto es buena la censura en la publicidad? ¿Cuáles límites fijarían (*would you set*) ustedes? Consideren, entre otras cosas, el tipo de anuncio, la hora en que se pasa(*it is shown*), la publicación en que va a aparecer, el tipo de producto, etc. También, en una sociedad democrática, ¿se debe prohibir la publicidad de ciertos productos? ¿Cuáles? Expliquen sus razones.

**Comentarios:**

# Las diversiones, los pasatiempos y los compromisos sociales

**6**

## Objectives

Upon completion of this chapter you should be able to

- write and respond to invitations,
- write and respond to personal notes,
- utilize appropriate vocabulary to write about entertainment, pastimes, and social obligations,
- use conditional forms and the imperfect subjunctive forms to soften requests.

Selecting records. Buenos Aires, Argentina.

## PARA HABLAR DEL TEMA

### *Vocabulario esencial*

Estudie las siguientes palabras y expresiones. Le pueden resultar útiles para entender el capítulo y escribir sobre las diversiones, los pasatiempos y los compromisos sociales.

*sustantivos*

| | |
|---|---|
| el (la) anfitrión(a) | *host, hostess* |
| el brindis | *toast* |
| el enlace matrimonial / la boda | *wedding* |
| la fiesta sorpresa | *surprise party* |
| el pésame | *expression of condolence* |
| la renovación | *renewal* |
| el salón | *party room* |
| el sepelio / el funeral | *funeral* |
| la telenovela | *soap opera* |
| el televisor | *television set* |
| los votos | *vows* |

*verbos*

| | |
|---|---|
| complacerse en | *to have the pleasure* |
| contraer nupcias / casarse | *to get married* |
| dar / hacer una fiesta | *to throw a party* |
| estar de moda | *to be fashionable* |
| estrenar | *to wear something new for the first time, to perform a play or show a movie for the first time* |
| fallecer | *to die* |
| participar a alguien de / convidar | *to invite* |
| ponerse de moda | *to become fashionable* |
| tener el gusto | *to have the pleasure* |
| tener lugar / efectuarse / llevarse a cabo | *to take place* |

*adjetivos*

| | |
|---|---|
| apreciable / respetable | *respectable* |
| distinguido(a) | *distinguished* |
| honorable | *illustrious* |

*adverbios*

| | |
|---|---|
| afectuosamente / cariñosamente | *affectionately* |
| atentamente | *sincerely* |

**A.**   **Lea el siguiente texto. Busque las palabras que no conozca en su diccionario.**

### El mambo, rey del ritmo

La palabra **mambo** viene de un dialecto africano llamado **ñáñigo** y significa «andar de fiesta». Ahora se ha puesto de moda° el mambo nueva-   **become stylish**
mente con la película «Los reyes del mambo», basada en la obra premiada° de Oscar Hijuelos. Muchos se preguntan dónde y cuándo   **award-winning**
surgió° este contagioso baile tropical. La creación del mambo como   **appeared**
ritmo internacional se le atribuye al cubano Dámaso Pérez Prado, cuya
primera composición fue estrenada° en Cuba en 1940. Sin embargo, su   **premiered**
maravillosa creación no se hizo famosa hasta llegar a México.

    En 1947, Pérez Prado llegó a la capital azteca y alcanzó° la fama en   **achieved**
todo el mundo con su melodía «Qué rico el mambo», grabado en
Nueva York en 1950. De ahí en adelante, el mambo adquirió renombre
en cintas°, en salas de bailes y cabarets de todo el mundo. Pérez Prado   **movies**
falleció° en México en 1989. Nos dejó, sin embargo, muchas otras com-   **died**
posiciones famosas entre las que se destacan° «Mambo número cinco» y   **stand out**
«Cerezo rojo». El ritmo cubano ocupa la atención del público actual-
mente, y se danza a su alegre compás° de nuevo.   **rhythm**

**B.** **Conteste las preguntas sobre el texto.**

   **1.** ¿Cuándo y dónde fue estrenado el mambo?

     _____

     _____

**2.**   ¿Quién fue el creador del mambo?

_____

_____

**3.**   ¿Qué significa la palabra **mambo** en ñáñigo?

_____

_____

**4.**   ¿Dónde y cuándo falleció Pérez Prado?

_____

_____

**5.**   ¿A qué se debe el reciente interés en el mambo?

_____

_____

**C.**   Ahora haga una lista de las palabras del Ejercicio A que usted no conocía. Añada otros vocablos que le podrían ser útiles para escribir sobre las diversiones, los pasatiempos y los compromisos sociales. Si es necesario, busque esos términos en su diccionario.

_____   _____   _____

_____   _____   _____

_____   _____   _____

_____   _____   _____

_____   _____   _____

_____   _____   _____

_____   _____   _____

_____   _____   _____

_____   _____   _____

## ANÁLISIS DE LAS NOTAS Y LAS INVITACIONES

El lenguaje que se usa en las invitaciones está bastante definido por el uso. En esta sección usted encontrará varios ejemplos de invitaciones que le ayudarán a familiarizarse con el estilo de este tipo de escritura. En la vida real, usted puede seleccionar de un catálogo o en una tienda la invitación que más se aproxime a su gusto y evitar (*avoid*) así el tener que escribirla. No obstante (*Nevertheless*), muchas personas prefieren agregar un matiz (*touch, tone*) personal a las invitaciones que hacen. Usted, quizá, en alguna ocasión quiera crear su propio estilo o modificar uno que le ofrecen. Muchas veces, sin embargo, se verá en la necesidad de responder a una invitación por escrito. Esta sección le da ideas para que usted pueda crear su propia invitación, si así lo desea, y responder a las invitaciones que usted reciba.

Observe ahora los siguientes ejemplos de invitaciones.

---

El señor Roberto Mena y la señora Ana Mena
le invitan a usted y a su apreciable familia
al enlace matrimonial de su hija

ESMERALDA

con el señor

EFRAÍN AGUIRRE MORALES

hijo del señor Eduardo Aguirre y la señora
Lía Morales de Aguirre

La ceremonia se efectuará el sábado 26 de noviembre de
1994 a las cinco de la tarde en la Iglesia del Sagrado
Corazón. Se ruega pasar luego a una recepción en casa de
los padres de la novia, 234 Avenida Los Robles, Alajuela.

---

Quince Años

Rodrigo Arguedas y Sara M. de Arguedas se complacen en
invitarle a usted y a su distinguida familia a la
celebración de los quince años

de su hija

MARÍA DEL SOCORRO

La recepción tendrá lugar el 16 de enero de 1994
de 6 p.m. a 8 p.m.; el baile de 8 p.m. a 12 medianoche
en los salones del Club Campestre Los Pinos, 84 Vía de
las Rosas, Pedregal de San Marcos.

---

**Se ruega...** *You are asked*

**A.** Ya se había mencionado que el lenguaje de las invitaciones es bastante formal y está codificado por la tradición y la estructura social. ¿Cuáles adjetivos se usan para describir la familia en las dos invitaciones anteriores?

---

Recuerde que la familia juega un papel muy importante en la sociedad hispana y hay que referirse a ésta con adjetivos como **distinguido, honorable, apreciable**, etc.

Las invitaciones reflejan aspectos religiosos o sociales propios de una cultura, y éstos a veces no tienen equivalentes en otra. Tal es, por ejemplo, el caso de la invitación a la fiesta de quince años. En el mundo hispánico ésta es la fecha en que la joven se presenta en sociedad y es una celebración de gran importancia. En cambio, la adolescente en los Estados Unidos, si organiza una fiesta, lo hace para celebrar sus dieciséis años.

**B.** ¿Puede usted pensar en otras celebraciones típicas de la cultura estadounidense que no tengan equivalente exacto en otras culturas?

---

---

Suponga ahora que usted ha recibido las dos invitaciones anteriores, mas no puede asistir ni a la boda, ni a la recepción de quince años y desea enviar notas breves explicando por qué le es imposible ir a los festejos. Observe las dos notas siguientes. La primera es formal, ya que el autor no tiene una amistad íntima con la familia.

> *Limón, 23 de octubre de 1994*
>
> *Sr. Roberto Mena y Sra.*
>
> *Muy estimados don Roberto y doña Ana:*
>
> *Muchas gracias por la bondad de invitarme al matrimonio de su hija Esmeralda. Desafortunadamente, cuando recibí su cordial invitación, ya había aceptado un compromiso con la compañía PASA para asistir a una conferencia en la ciudad de Bogotá durante las dos primeras semanas de noviembre. Mis mejores deseos para Esmeralda y el señor Hidalgo.*
>
> *Sinceramente,*
>
> *Eduardo Bustamante*

La segunda tiene un tono familiar, pues Eva fue vecina y buena amiga de la familia Arguedas.

---

Monterrey, 2 de enero de 1994

Sr. Rodrigo Arguedas y Sra.

Muy recordados amigos:

    Nada me habría dado más gusto que poder asistir a la celebración de los quince años de María del Socorro. ¡Cómo pasa el tiempo! No hace tanto estaba en pañales y ya es toda una señorita. Muy a mi pesar, me encontraré en la Ciudad de México el día de la fiesta. Ustedes saben bien cómo son los compromisos de negocios. Muchas felicidades y un buen abrazo para toda la familia y en especial para la quinceañera.

Afectuosamente,

Eva Lobo

---

pañales...*diapers*, Muy a mi pesar...*Much to my regret*, abrazo...*hug*

Las notas, mensajes cortos, son sin duda uno de los tipos de escritura más usados en la vida diaria. A continuación encontrará más ejemplos de notas. Observe el uso de los dos puntos (*colon*) después del nombre de la persona a quien se dirige la nota. En contraste con el inglés, en español nunca se usa una coma.

Martita:

Se me olvidó comprar el pan para la fiesta. ¿Serías tan buena de pasar a la panadería y comprarme tres docenas de panecillos? Tengo que quedarme en la oficina hasta las 5, y no creo que tenga tiempo para hacer las compras.

Un millón de gracias,
Rubén

6 de mayo de 1994

Queridos Tomás y Laura:

Muchísimas gracias por todo. La pasé a las mil maravillas. Laura, todavía estoy saboreando tu deliciosa paella. Un abrazo bien fuerte para los dos y un beso para la nenita.

Cariñosamente,

Emilia

saboreando...*savoring,* beso...*kiss*

San Francisco, 10 de octubre de 1994

Sr. Ramiro Gutiérrez, Sra. e Hijos

Muy apreciados amigos:

Mi más sincero agradecimiento por las atenciones y cuidados de que fui objeto durante mi estadía en su hogar. Ustedes hicieron que mi permanencia en Lima fuera una experiencia inolvidable. Espero tener la oportunidad de corresponder a sus bondades cuando se encuentren de visita en los Estados Unidos.

Sinceramente,
Gregory White

estadía...*stay*

## PARA ESCRIBIR MEJOR

### Cómo escribir una tarjeta o postal de felicitación

**A.** Lea la siguiente selección sobre las postales de felicitación.

# LAS POSTALES
## DE FELICITACION

**E**n todo el mundo, las tarjetas antiguas, ya sean las de Navidad o las del día de San Valentín, están subiendo de valor, y existen coleccionistas que las atesoran. Algunos de ellos poseen ejemplares valorados en miles de dólares. Los ejemplos más antiguos

CON AMOR

de postales de felicitación se remontan a la época entre 1790 y 1830. En ese tiempo, las tarjetas se hacían a mano, con dibujos originales y únicos realizados por quien las enviaba (es decir, no eran impresas) y también los versos eran originales y escritos a mano por la persona que deseaba expresar su felicitación, su amor o su buen deseo. Estas tarjetas en realidad parecían cartas con bonitas ilustraciones y versitos típicos de aficionados. Quien no sabía dibujar, se limitaba a recortar ilustraciones, colorearlas y pegarlas en el papel en forma artística.

La llamada "edad de oro" de las tarjetas se extiende de los años 1870 a 1920, y las más hermosas fueron las producidas en Alemania. El auge de las tarjetas se hizo posible cuando el sistema de impresión por cromolitografía (o sea, la impresión a color) se hizo accesible al mercado masivo. Las tarjetas antiguas están hechas de papel muy elaborado y tienen colores brillantes, como lila, rojo, azul y rosado, con temas de Santa Claus, Cupidos, flores, corazones y jóvenes románticas.

atesoran...*treasure*, ejemplares...*samples*, se remontan...*date back to,* impresas...*printed*, recortar...*cut out*, pegarlas...*paste them*, auge...*boom, heyday*

**B.** Conteste las siguientes preguntas sobre la lectura del Ejercicio A.

1. ¿Cómo se hacían las tarjetas entre los años 1790 y 1830?

_____

_____

_____

2. ¿Qué promovió el auge de las tarjetas postales?

_____

_____

_____

**3.** ¿Cuáles son algunos de los temas que se usaron en las tarjetas antiguas?

_____

_____

_____

**C.** **En grupos de cuatro, decidan sobre una buena razón para enviar una tarjeta o postal. A continuación encontrarán algunas ideas:**

- La clase va a dar una fiesta.

- Es el Día de los Enamorados.

- Un(a) amigo(a) va a graduarse.

- Se acerca la Navidad.

- El (la) profesor(a) ha estado enfermo(a).

- Usted ha reñido (*argued*) con su novia(o).

- Es el aniversario de boda de sus padres.

- Acaban de ascender en el trabajo a su esposa(o).

- Se sacó (*won*) la lotería un(a) conocido(a).

¿Pueden agregar otras razones?

_____

_____

_____

Piensen ahora en el diseño. ¿Hay algún artista entre ustedes que pueda ilustrar la tarjeta? Si no, alguien debe encargarse de recortar ilustraciones para pegarlas en la tarjeta. Por supuesto, la tarjeta puede ser tamaño (*size*) gigante para impresionar a quien la reciba. También incluyan un poema o un pensamiento. Y ahora, ¡manos a la obra! La presentan a la clase la próxima vez.

**D.** **¿Le gusta viajar? ¿Sabe usted algo de las ciudades y la geografía? Tome la siguiente prueba y autoexamínese.**

# ¿QUE SABE
## DE CIUDADES?

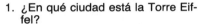

**Estas ciudades y sus contornos son famosas en todo el orbe. ¿Las conoce bien?**

**La Torre Eiffel**

1. ¿En qué ciudad está la Torre Eiffel?
   a) París - b) Madrid - c) Montreal
2. ¿Cerca de qué ciudad están las cataratas del Niágara?
   a) Los Angeles - b) Buffalo - c) Washington
3. ¿Qué capital está más cerca de la pirámide de Giza?
   a) Ciudad de México - b) El Cairo - c) Pekín
4. ¿Cuál es la capital de Albania?
   a) Turín - b) Trieste - c) Tirana
5. ¿A qué ciudad se le llama "la capital del sol"?
   a) Moscú - b) Lima - c) Miami
6. ¿En qué ciudad se encuentra un monumento al "Oso y el Madroño"?
   a) Valencia - b) Buenos Aires - c) Madrid
7. ¿En qué ciudad está el Parque de María Luisa?
   a) Bogotá - b) Sevilla - c) Cali
8. ¿Cuál es un famoso barrio de Lima?
   a) Palermo - b) El Vedado - c) Miraflores
9. ¿Dónde se encuentra el Palacio de Invierno?
   a) Caracas - b) Leningrado - c) Budapest
10. ¿En qué continente se encuentra la capital que se llama Ulan Bator?
    a) Africa - b) América - c) Asia

**Respuestas:** 1a/ 2b/ 3b/ 4c/ 5c/ 6c/ 7b/ 8c/ 9b/ 10c.

**Las pirámides de Giza.**

**E.** **Ahora escoja una de las siguientes ciudades.**

Madrid, Los Ángeles, Nueva York, Chicago, Miami,

San Francisco, la Ciudad de México, Lima,

Buenos Aires, Bogotá o su ciudad favorita

Si es necesario, busque información en una enciclopedia. Mencione, por ejemplo, su posición geográfica, su población y algunos de sus atractivos turísticos. Escriba una postal desde esta ciudad a sus compañeros de clase. Describa la ciudad e incluya un poco de su historia. Su trabajo debe consistir en al menos cinco oraciones.

## ESTRUCTURAS EN ACCIÓN

### Softening requests

In writing and responding to invitations and notes as well as in oral communication, Spanish speakers often use the conditional tense to soften a request or make it sound more polite. The use of the imperfect (past) subjuntive instead of the conditional makes it even softer and more polite. Notice the difference in tone in the following examples.

Examples:    *¿**Quieres** acompañarme al concierto? Claro que **quiero** acompañarte.*
This is informal. Use of the present tense can sometimes even be considered somewhat blunt and not especially polite: (**Do you**) **want** to go to the concert with me? Of course **I want** to go.

*¿**Querrías** acompañarme al concierto? Me **encantaría** ir contigo.*
Here the conditional tense softens the request and the reply considerably and makes them more polite: **Would you like** to go to the concert with me? **I'd be delighted** to go with you.

*¿Quisieras acompañarme al concierto? Quisiera acompañarte, pero desgra-*
*ciadamente tengo otro compromiso.*

Here the imperfect subjunctive makes the request and the reply even
softer and more polite: **Might you like** to go (**Might you consider**
going) to the concert with me? **I should like very much** to go with you,
but unfortunately I have another engagement.

## Formation of the conditional tense

The conditional tense of almost all verbs (*-ar, -er,* and *-ir*) is formed by using the **entire
infinitive** as the stem and adding these endings: *-ía, -ías, -ía, -íamos, -íais, -ían.*

| **convidar:** | convidaría | **ser:** | sería | **ir:** | iría |
|---|---|---|---|---|---|
| | convidarías | | serías | | irías |
| | convidaría | | sería | | iría |
| | convidaríamos | | seríamos | | iríamos |
| | convidaríais | | seríais | | iríais |
| | convidarían | | serían | | irían |

A few verbs have irregular stems in the conditional.

| **caber:** | **cabría** | **querer:** | **querría** |
|---|---|---|---|
| **decir:** | **diría** | **saber:** | **sabría** |
| **haber:** | **habría** | **salir:** | **saldría** |
| **hacer:** | **haría** | **tener:** | **tendría** |
| **poder:** | **podría** | **valer:** | **valdría** |
| **poner:** | **pondría** | **venir:** | **vendría** |

Remember that compound verbs (verbs with prefixes) have the same irregularity as the
base verb from which they are derived. For example:

| **poner:** | **pondría** | **anteponer:** | **antepondría** |
|---|---|---|---|
| | | **componer:** | **compondría** |
| | | **disponer:** | **dispondría** |
| | | **posponer:** | **pospondría** |
| | | **reponer:** | **repondría** |
| | | **suponer:** | **supondría** |
| | | **tra(n)sponer:** | **tra(n)spondría** |

## Formation of the imperfect subjunctive

The imperfect (past) subjunctive of every Spanish verb (no exceptions) is formed by
deleting the *-ron* ending from the **third-person plural** (*ustedes* form) of the **preterite
tense** and adding these endings: *-ra, -ras, -ra, -ramos, -rais, -ran.*[1]

---

[1]A far less frequently used alternative set of endings for the imperfect subjunctive (*-se, -ses, -se, -semos, -seis, -sen*), seen primarily
in Spain and in formal literature, will not be studied in this text. However, you should be able to recognize them.

| | | |
|---|---|---|
| *invitar* | *invitaron* | *invitara* |
| | | *invitaras* |
| | | *invitara* |
| | | *invitáramos* |
| | | *invitarais* |
| | | *invitaran* |
| *responder* | *respondieron* | *respondiera* |
| | | *respondieras* |
| | | *respondiera* |
| | | *respondiéramos* |
| | | *respondierais* |
| | | *respondieran* |
| *vivir* | *vivieron* | *viviera* |
| | | *vivieras* |
| | | *viviera* |
| | | *viviéramos* |
| | | *vivierais* |
| | | *vivieran* |

Note that the *nosotros* form requires a written accent.

Since the imperfect subjunctive is formed from the preterite tense, any verb that is irregular in the *ustedes* form of the preterite will reflect the irregularity in the imperfect subjunctive. For example:

| | | |
|---|---|---|
| *saber* | *supieron* | *supiera* |
| | | *supieras* |
| | | *supiera* |
| | | *supiéramos* |
| | | *supierais* |
| | | *supieran* |
| *ser* | *fueron* | *fuera* |
| | | *fueras* |
| | | *fuera* |
| | | *fuéramos* |
| | | *fuerais* |
| | | *fueran* |
| *tener* | *tuvieron* | *tuviera* |
| | | *tuvieras* |
| | | *tuviera* |
| | | *tuviéramos* |
| | | *tuvierais* |
| | | *tuvieran* |

Because so many verbs are irregular in the preterite, you should carefully review this tense. Some frequently used verbs that have irregular preterites are:

| | | | |
|---|---|---|---|
| **andar** | *anduvieron* | **poner** | *pusieron* |
| **dar** | *dieron* | **producir** | *produjeron* |
| **decir** | *dijeron* | **querer** | *quisieron* |
| **estar** | *estuvieron* | **saber** | *supieron* |
| **haber** | *hubieron* | **tener** | *tuvieron* |
| **hacer** | *hicieron* | **traer** | *trajeron* |
| **ir / ser** | *fueron* | **venir** | *vinieron* |
| **poder** | *pudieron* | | |

Remember, as you saw with the conditional tense, any compound verb will reflect the irregularity of its root verb. For example: *tener (tuve), detener (detuve), mantener (mantuve), obtener (obtuve), sostener (sostuve)*, etc. Note also that like *producir*, any verb that ends in *-ducir* will have *-duj-* in its preterite forms: *conducir (conduje), reducir (reduje), traducir (traduje)*, etc.

## Exercises

**A.** **Rewrite the following sentences, changing the underlined verbs to the** *conditional tense* **to make the requests softer and more polite.**

    **1.** Quiero invitarte a cenar conmigo esta noche. ¿Puedes aceptar?

    _____

    _____

    **2.** ¿Tiene usted la bondad de explicarme las reglas del tenis?

    _____

    _____

    **3.** Me debes decir la verdad.

    _____

    _____

**B.** **Now rewrite the sentences from exercise A, making them even softer and more polite by changing the underlined verbs to the** *imperfect subjunctive.*

    **1.** _____

    _____

**2.** _____

_____

**3.** _____

_____

**C.** **Underline the Spanish sentence that is most appropriate in the following circumstances.**

**1.** Your best friend Francisco loves the theater, and you just found out that the local playhouse is doing a series of García Lorca plays. You decide to ask Francisco if he wants to go.

> _¿Quisieras ir al teatro el mes que viene?_
>
> _¿Quieres ir al teatro el mes que viene?_

**2.** You call the theater box office to reserve tickets for next month's production of _Bodas de sangre._ The clerk informs you that it is customary to come to the theater personally to pick up the tickets. You decide to ask her to mail them to you.

> _¿Pudiera usted mandarme las entradas por correo?_
>
> _¿Me manda las entradas por correo?_

**3.** The night of the performance you are detained at work, and you pick up Francisco a half hour later than planned. On the way to the theater a policeman stops you and cites you for driving 80 miles per hour. While he is writing the ticket, you try to talk him out of it.

> _¿Me perdona usted esta vez?_
>
> _¿Pudiera usted perdonarme esta vez?_
>
> _¿Me perdonaría esta vez?_

**4.** When you finally get to the theater, the play has already begun, and you politely ask the usher to seat you right away.

> _¿Podría usted sentarnos ahora mismo?_
>
> _¿Puede sentarnos ahora mismo?_

**5.** After the performance, Francisco has to use the restroom. You tell him you'll wait for him in the lobby.

> _Te espero en el vestíbulo._
>
> _Quisiera esperarte en el vestíbulo._

**6.** When you get to the parking lot, you discover that you did not bring your wallet. Somewhat embarrassed, you ask Francisco to lend you five dollars to pay for parking.

> _¿Me prestas cinco dólares?_
>
> _¿Me prestarías cinco dólares?_

**D.** **Use the present tense, the conditional tense, or the imperfect subjunctive to write Spanish equivalents of the following requests. Do not translate the information in parentheses.**

1. I want to leave work early. (to a friendly coworker)

   _____

   _____

2. I'd like to leave work early. (to your immediate supervisor, with whom you are relatively comfortable)

   _____

   _____

3. I would very much like to leave work early tonight. (Be extremely polite to the CEO of the company, who usually frowns on such requests.)

   _____

   _____

4. Can you recommend a good movie? (to the coworker)

   _____

   _____

5. Could you recommend a good movie? (to your supervisor)

   _____

   _____

6. Might you possibly be able to recommend a good movie? (to the CEO)

   _____

   _____

7. Will you pass me the salsa? (to your friend and coworker, in the cafeteria)

   _____

   _____

8. Would you please pass me the salsa? (to your supervisor, at the company picnic)

   _____

   _____

9. Could you be so kind as to pass me the salsa? (to the CEO, at the annual company awards banquet)

   _____

   _____

**E.** **In the spaces provided, write a very brief note to the following people.**

1. your good friend Elena, asking her to call you tonight after her date with Luis

2. a new acquaintance of the opposite sex, asking him (her) if he (she) would be able to come to a party at your house next Saturday

3. Professor Araluce, asking her if she could possibly permit you to miss class on Wednesday so that you can attend your brother's wedding in Las Vegas

4. your brother and his girlfriend, begging them to invite Mom and Dad to the wedding

**A PRUEBA**

. . . . . . . . . . . . . . . . . . . . . . . . . . . . . . . . . . . . . . . . . . . . . . . . . . . . . . . . .

**A.** Si no se ha casado, imagínese que ha decidido contraer nupcias y escriba la rescriba perfecta para su boda. Si ya es casado(a), rescriba su invitación. Observe la invitación de la página 109 si necesita un modelo.

**B.** Usted necesita que un(a) conocido(a), su profesor o tal vez su asesora le haga un favor. Escriba una nota solicitando ese favor. Use formas del condicional y del imperfecto del subjuntivo.

_____

_____

_____

_____

_____

_____

_____

_____

_____

**C.** Haga una lista de sus pasatiempos o diversiones favoritas. Luego, escríbale una nota breve a un(a) compañero(a) para invitarlo(la) a hacer una de estas actividades.

_____

_____

_____

_____

_____

_____

_____

_____

_____

_____

_____

_____

**D.** **Lea la siguiente crítica. Use su diccionario si desconoce algunos términos.**

# DISCOS
### POR LUIS MIRÓ

*No será la revelación de la década ni la bómba juvenil, pero Gloria Trevi es una nueva cantante joven que ¡vale!*

### GUADALUPE PINEDA
*Veinte boleros de siempre (RCA).* Un disco exquisito en el que Guadalupe Pineda interpreta magistralmente algunas canciones que han perdurado a través del tiempo sin perder validez ni artística ni emotiva. Esta grabación, además, demuestra que cuando la música es buena, sólo hace falta un buen cantante *que canté* y una buena orquesta que acompañe.

Y Guadalupe Pineda es una buenísima cantante, que no necesita tecnología para sonar bien. Este disco de la elegante intérprete mexicana, con canciones que ya forman parte de nuestro patrimonio cultural, se puede considerar una verdadera joya.

Musicalmente, todo está muy bien logrado; no se le puede poner ni un pero. La magnífica voz de Guadalupe Pineda, con su color dulce y delicado, su impecable afinación e interpretación, y su buen gusto, le traen al público lo mejor del romanticismo de ayer sin adulteraciones efectistas, y sí con muy buenos arreglos y una realización excelente.

### GLORIA TREVI
*¿Qué hago aquí? (Ariola).* El productor Sergio Andrade presenta en este larga duración a la *juvenil y temperamental* Gloria Trevi, *la revelación juvenil del momento, la bomba musical de los '90.* Después de todo eso, lo que realmente sorprende es que la muchacha sí es buena.

La música es un *pop* con sus recursos muy bien utilizados; arreglos que emplean con efectividad los coros masculinos, compartiendo partes importantes con la solista y los instrumentos, de manera que son mucho más que un relleno. El disco tiene también muchas características del *rock*, y la percusión juega un papel muy importante. Además, con los teclados electrónicos se consiguen efectos muy brillantes y atractivos. Todo, por supuesto, unido a la frescura y naturalidad vocal y expresiva de Gloria Trevi, para lograr una producción de calidad.

### SEBASTIÁN
*Al rojo vivo (RCA).* Sebastián es un joven cantante argentino muy conocido en su país, y con ganas de que lo conozcan en los demás. Tiene con qué lograrlo: musicalidad, buenas cualidades vocales, un timbre muy agradable, y una expresiva vitalidad.

Las once canciones del disco son de amor, pero de estilo rítmico y bailable, alegres, de gran colorido, y de música muy pegajosa.

**E.** Escríbale ahora usted una nota a un(a) amigo(a) para invitarlo(la) a un concierto de uno de estos artistas. En su nota, dé razones para persuadir al (a la) amigo(a) para que asista al concierto. Use una hoja adicional para escribir su nota.

## Más allá

Discuta los siguientes temas con sus compañeros de clase. Luego escriba sus comentarios sobre uno de ellos.

1. Las tarjetas y notas producidas comercialmente son por lo general impersonales. ¿Están ustedes de acuerdo con esta idea? ¿Han tenido problemas para encontrar una buena tarjeta que exprese sus sentimientos? Discutan algunas de sus experiencias.

2. Las diversiones y pasatiempos son una necesidad psicológica para algunas personas. Otras personas los consideran una pérdida de tiempo. ¿Qué opinan ustedes? ¿Podrían pensar en algunos ejemplos específicos?

3. Se ha dicho que la televisión tiene una influencia negativa en los niños y adolescentes. ¿Qué clase de experiencias han tenido ustedes como telespectadores? Podrían pensar en varios tipos de programa: programas de violencia, comedias, programas educativos, etc.

**Comentarios:**

# La amistad

## Objectives

**Upon completion of this chapter you should be able to**

- write personal letters,
- utilize appropriate vocabulary to write about friends and friendship,
- use the subjunctive mood in noun clauses to express wishes, emotion, and doubt.

Friends sharing a letter.

## PARA HABLAR DEL TEMA
..............................................................................................

### *Vocabulario esencial*

Estudie las siguientes palabras y expresiones. Le pueden resultar útiles para entender el capítulo y escribir sobre la amistad y los amigos.

#### *sustantivos*

| | |
|---|---|
| el afecto | *affection, fondness* |
| el (la) amigo(a) de infancia | *childhood friend* |
| el buzón | *mailbox* |
| el (la) camarada | *partner, companion* |
| el cariño | *affection, love* |
| el (la) compañero(a) | *companion, mate* |
| la comprensión | *understanding* |
| el correo aéreo | *airmail* |
| la despedida | *farewell, closing of letter* |
| la dirección | *address* |
| la entrega inmediata | *immediate delivery* |
| la estampilla / el sello | *postage stamp* |
| el papel de carta | *stationery* |
| el saludo | *greeting* |
| el secreto | *secret* |
| el sentido del humor | *sense of humor* |
| las señas | *address* |
| el sobre | *envelope* |
| la vicisitud | *ups and downs, vicissitude* |

#### *verbos*

| | |
|---|---|
| compartir | *to share* |
| disculparse | *to apologize* |
| echar de menos | *to miss* |
| hacerle falta | *to miss someone, to lack* |

#### *adjetivos*

| | |
|---|---|
| amistoso(a) | *friendly* |
| cariñoso(a) | *affectionate* |
| cómico(a) | *funny, comical* |
| comprensivo(a) | *understanding* |
| fiel | *faithful* |
| íntimo(a) | *close* |

**A.**  Lea la siguiente fábula de Esopo. Si no sabe algunos de los términos, búsquelos en su diccionario.

**Los dos amigos**

Dos amigos viajaban juntos cuando, de pronto, un oso° se cruzó en **bear**
su camino. Uno de ellos subió rápidamente a un árbol y se escondió
en sus ramas°. El otro, menos ágil que el primero, fracasó° en sus **branches /**
intentos y no pudo protegerse en el árbol. Resignado a su mala **failed /**
suerte, se tiró° al suelo, contuvo la respiración y se hizo el muerto lo **he threw him-**
mejor que pudo. El oso se acercó, lo olfateó°, le lamió° la oreja y, **self / sniffed /**
convencido de que estaba muerto, siguió su camino tranquilamente. **licked**
(Parece ser que los osos sólo se interesan en presas° vivas.) Una vez **prey**
que la fiera° desapareció, el amigo que había presenciado la escena **beast**
desde la seguridad del ramaje descendió del árbol y, con un tono
jocoso°, le preguntó al otro: **funny**
—¿Qué secreto te susurró° ese oso al oído? **whispered**
—Me dijo:—contestó el interpelado°—«Nunca viajes con un amigo **person ques-**
que te abandona en el peligro». **tioned**

**El infortunio prueba la sinceridad de los amigos.**

**B.** **Conteste las siguientes preguntas sobre el texto.**

1. Según la fábula, ¿por qué no se interesó el oso en el amigo que fingió (*pretended*) estar muerto?

   _____

   _____

2. ¿Está usted de acuerdo con la moraleja de la historia? Explique.

   _____

   _____

   _____

3. ¿Ha tenido usted una situación en su vida en la que un(a) amigo(a) lo (la) haya abandonado en un momento difícil? Brevemente narre su historia.

   _____

   _____

   _____

   _____

   _____

   _____

   _____

   _____

4. ¿Cómo describiría a un(a) buen(a) amigo(a)? Usted podría usar algunas de la siguientes palabras en su respuesta.

   sincero(a) / colaborador(a) / cariñoso(a) / comprensivo(a) / buena compañía / compartir las vicisitudes de la vida / ofrecer consuelo / saber perdonar

   _____

   _____

   _____

   _____

   _____

   _____

   _____

   _____

**C.** Ahora haga una lista de las palabras del Ejercicio A que usted no conocía. Añada otros vocablos que le podrían ser útiles para escribir sobre los amigos y la amistad. Si es necesario, busque esos términos en su diccionario.

_____  _____  _____

_____  _____  _____

_____  _____  _____

_____  _____  _____

_____  _____  _____

_____  _____  _____

_____  _____  _____

_____  _____  _____

_____  _____  _____

_____  _____  _____

## ANÁLISIS DE LA CARTA PERSONAL

Para mantener amistades a larga distancia, a veces es necesario escribir cartas personales, ya que no es siempre posible hablar de todo por teléfono. Esta sección le dará la oportunidad de aprender y practicar la redacción de cartas personales.

Puesto que una carta familiar o amistosa es básicamente una conversación por escrito, a veces es útil pretender que nuestro amigo o familiar se encuentra con nosotros y le estamos narrando una historia o haciéndole preguntas. El tono amistoso surgirá (_will arise_) entonces en forma espontánea. Básicamente su trabajo debe incluir: la fecha, alguna forma de introducción o saludo, el cuerpo de la carta y una despedida.

Estudie las dos cartas que siguen. Observe el saludo, la despedida y especialmente el tono y el lenguaje de cada una.

---

Los Ángeles, 2 de diciembre de 1994

Recordados Marta y Eduardo:

Sé que no he escrito en casi un año. No me lo tienen que recordar. ¿Qué quieren que haga? Ésa es mi naturaleza: ¡pe-re-zo-so! Bueno, ya basta de disculpas. Pensándolo bien, ustedes tampoco me han escrito, pero eso no importa, ¿verdad? Lo que cuenta es que siempre les recuerdo con afecto.

¿Cómo está la nenita? Tengo muchos deseos de conocerla. Si es tan bonita y simpática como la mamá, va a ser una futura "Srta. Universo". Perdón, esta brocha°     brush
está muy vieja. Debo conseguirme otra. (¡ja! ¡ja!) ¿Entendieron mi chiste? En Costa Rica usamos "pasar la
brocha" como sinónimo de adular.     flatter

La invitación sigue en pie° para que nos visiten     stands
cuando puedan. Apuesto° a que no les vendría mal ahora     I bet
recibir el calorcito de California. Muchas cosas de
Nueva Inglaterra echo de menos,° pero tengan seguridad que     miss
no son los fríos polares del invierno.

Mi vida sigue su rutina sin mayores contratiempos.°     inconven-
Este trimestre tomo un curso de composición, uno de     iences
español intermedio, uno de psicología y otro de
matemáticas. Aunque mis clases exigen mucho trabajo, no
puedo quejarme. Los profesores son buenos en su mayor
parte y estoy aprendiendo mucho.

Me temo que ésta va a ser una de mis lacónicas°     short
cartas, tipo telegrama, mejor conocidas como "notas".
Cuando tenga mis vacaciones, les prometo que voy a
escribirles con todos los detalles.

               Un abrazo bien fuerte,
               Enrique Sotomayor

---

*Chicago, 18 de septiembre de 1993*

*Muy queridos don Manuel y doña Pilar:*

*Acabo de volver a Chicago y estoy tratando de acomodarme.°*     get settled
*La residencia estudiantil es un edificio viejo; mi cuarto, sin
embargo, tiene bastante carácter propio y, en efecto, me gusta
mucho. Hay una ventana que da a un jardín y mi estudio está
siempre lleno de luz.*

*La última semana de mi viaje por España fue inolvidable. Después de enviarles la tarjeta desde Madrid, fui con dos compañeros a Granada. Aunque los trenes que van al sur son muy rápidos y cómodos, mis amigos me convencieron que alquiláramos un coche. Yo tenía mis dudas sobre el asunto, pero resultó ser una buena idea. Nos dio la oportunidad de detenernos en pueblitos y así conocer un poco mejor a la encantadora gente andaluza.*

*Al llegar a Granada, fuimos primero a la catedral. ¡Tenía tantos deseos de ver la tumba de los Reyes Católicos! El resto del tiempo lo pasamos explorando y saboreando la incomparable Alhambra. Nunca creí que los moros° hubieran producido una joya° arquitectónica de tanto esplendor, lujo y refinamiento. Les digo que si pudiera reencarnar, sin duda alguna, sería como califa° árabe granadino° del siglo XV.*

*Dejamos el coche en Granada y volvimos a Madrid en tren. Al día siguiente salimos para Chicago y aquí estoy, preparándome para el primer día de clases. Después de un viaje tan fantástico es difícil «descender de las nubes°», pero les aseguro que ya he bajado y que voy a concentrar todos mis esfuerzos en mis estudios.*

*No puedo encontrar palabras para agradecerles todas sus bondades; así que tendrán que bastar°: «mil gracias, mis queridos padres». Abrazos a Martina, Concepción y Joselito.*

*Con todo el cariño de su hijo americano,*
*Ricardo*

*Margin glosses:* Moors · jewel · caliph · from Granada · clouds · suffice

**A.**   ¿Es usted buen(a) observador(a)? ¿Qué expresiones crean el tono amistoso de las cartas? Copie algunos ejemplos en las líneas que siguen.

_____

_____

_____

_____

_____

**B.**   Toda carta incluye un saludo que varía según el grado de amistad. Los siguientes son posibles saludos:

Querido(a) hermano(a):

Recordado(a) amigo(a):

Amor mío:

Mi cielo:

¿Puede pensar en otros? Escríbalos aquí.

_____

_____

_____

**C.** **Una vez completado el texto, viene la despedida. A continuación hay varios ejemplos de despedidas:**

Cariñosamente,

Afectuosamente,

Un abrazo bien fuerte de,

Con todo el cariño de tu hija,

¿Puede usted pensar en otras? Escríbalas aquí.

_____

_____

_____

## RA ESCRIBIR MEJOR

· · · · · · · · · · · · · · · · · · · · · · · · · · · · · · · · · · · · · · · · · · · · ·

### *Cómo narrar una anécdota*

**A.** **Lea la siguiente historia basada en un cuento corto del costumbrista costarricense Manuel González Zeledón.**

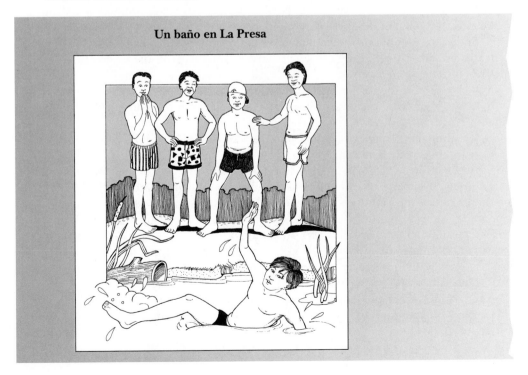

**Un baño en La Presa**

Crucé en compañía de mi hermano Chepe la esquina con dirección a la plaza principal, llegué a la tienda de don Maurilio y doblé a la derecha. Íbamos a la escuela una mañana del mes de marzo. Mi equipo° consistía en camisa con sus dos bolsas pecheras°, pantalones cortos y botas. Bajo el brazo llevaba en un bulto° un cuaderno, una regla°, un mango° verde y una botella de limonada. Los mejores propósitos me llevaban a esa hora a mis cotiadianas° lecciones. Pellizcaba° de cuando en cuando el mango y saboreaba su cáscara°.

De repente, siento un par de manos olorosas a zumo° de naranja sobre los ojos y oigo una voz vibrante y juvenil que me grita:

—¡Manuelillo, escapémonos de la escuela y vamos a bañarnos a La Presa! Van con nosotros Toño Arguedas, los Pinto y el Cholo Parra.

El que me llamaba con tanta zalamería° era mi amigo íntimo, mi compañero inseparable, mi siempre admirado Alejandro González Soto, quien hoy duerme el sueño eterno en el fondo del océano, digna tumba de tan digno carácter.

Dudé un instante; el deber° me llamaba a la escuela. Veía pasar ante mis ojos, amenazadora° y terrible la figura de mi padre. Hice un débil esfuerzo para alejar° aquella visión importuna° y, como el acero° sigue al imán°, me sentí arrastrado° por el placer de la escapatoria° y el baño y contesté:

—Bueno, vamos.

Deshicimos parte del camino recorrido° y, a saltos y a brincos°, llegamos a La Presa.

El Cholo, Toño y los Pinto eran excelentes nadadores. Se lanzaban al agua y después de estar largo rato zambullidos°, salían airosos°. Alejandro y Chepe también nadaban muy bien de lado y de espalda. Yo era, además de mal nadador, cobarde°. Con estilo de perro cruzaba, ahogándome°, la parte menos profunda.

Todos los compañeros estaban en el agua; sólo yo tiritaba°, sentado en la orilla°, contemplando envidioso los graciosos movimientos de los nadadores.

—¿No te vas a tirar°?—me gritó Alejandro.

—Ayudémoslo.—vociferaron a coro°. Y me lanzaron a medio río.

Me ahogaba°, tragaba° agua. Estaba perdido. Mis esfuerzos eran impotentes para salvarme. Sentí que me tiraban de una mano y por fin la luz hirió° mis ojos. Eché a llorar en medio de las carcajadas° de mis compañeros y me encaminé cabizbajo° al lugar donde me había desvestido. Traté de ponerme la ropa pero no pude. Mis camaradas habían anudado° las piernas del pantalón con las mangas° de la camisa. Después de mucho trabajo logré deshacer el daño y vestirme. ¡Nuevo tormento! Se habían comido mi mango, se habían tomado mi limonada y se habían llevado mi bulto.

Lloré largo rato, me encaminé a casa con un miedo horrible. Llegué cuando principiaban a servir el almuerzo. Oí la voz airada° de mi papá que preguntaba por mí. Caí junto a la puerta víctima de un desmayo°.

---

**equipment / front pockets**
**sack**
**ruler / mango (fruit) / daily**
**I nibbled / skin**
**zest, juice**

**studied flattery**

**duty**
**menacing**
**to push away/ disturbing**
**steel / magnet / dragged / escapade**
**We decided to go back / jumping up and down**
**submerged**
**stylishly**
**coward**
**almost drowning / shivered**
**river bank**

**Aren't you going to jump in? / in unison**

**I was drowning / swallowing**
**struck / hearty laughs / downhearted**

**knotted**
**sleeves**

**irate**

**fainting spell**

**B.** Trabajando con un(a) compañero(a), resuma el cuento.

_____

_____

_____

_____

_____

_____

_____

_____

_____

_____

_____

_____

**C.** La mayoría de nosotros hemos vivido una experiencia en la que un(a) amigo(a) nos ha instigado a hacer algo indebido (*inappropriate*), o quizá, nosotros hemos convencido a un(a) amigo(a) a quebrantar (*to break*) la ley o la autoridad. En otras ocasiones, un(a) compañero(a) nos ha sacado de un lío ( *jam, predicament*). Escriba su anécdota en el espacio a continuación en forma de una carta a su amigo o amiga.

_____

_____

_____

_____

_____

_____

_____

_____

_____

_____

_____

_____

_____

_____

_____

_____

# ESTRUCTURAS EN ACCIÓN

## The subjunctive in noun clauses

Personal letters often express wishes, desires, requests, hopes, doubts, denials, suggestions, or emotional reactions. In Spanish, such expressions may require the use of the subjunctive under certain conditions. The subjunctive is frequently used in the **subordinate** (dependent) clause of a complex sentence when the verb of the main (independent) clause is a verb of the **will**, a verb of **emotion**, a verb of **doubt** or **negation**, or an **impersonal expression**.[1]

In the letter on page 133, for example, Enrique asks Marta and Eduardo *"¿Qué quieren (ustedes) que (yo) haga?"* **(What do you want me to do?)** The verb of the main clause **(you want)** is a verb of the will; therefore, the verb of the subordinate clause **(that I do)** must be in the subjunctive.

When Ricardo writes to don Manuel and doña Pilar, his "adopted" Spanish parents (pages 133-134), he explains to them that his friends talked him into renting a car:"...mis amigos me convencieron que alquiláramos un coche." In the main clause Ricardo's friends imposed their will (. . . my friends convinced me); therefore, the verb of the subordinate clause (. . . that we should rent a car) is subjunctive.

### Subjunctive with verbs of the will

Whenever the verb of the main clause is a verb of the will, the verb of the subordinate clause is in the subjunctive, provided that there is a subject change.

> *Maruja prefiere que Fernando le escriba.*
> Maruja prefers that Fernando write to her.
> (subject change: Maruja → Fernando)

> *Maruja quería que Fernando le escribiera.*
> Maruja wanted Fernando to write to her.
> (subject change: Maruja → Fernando)

If there is no subject change, an infinitive is used instead of a subordinate clause.

> *Maruja prefiere escribirle a Fernando.*
> Maruja prefers to write to Fernando.
> (no subject change)

> *Maruja quería escribirle a Fernando.*
> Maruja wanted to write to Fernando.
> (no subject change)

---

[1]An impersonal expression consists of the third-person singular of *ser* (any tense) plus an adjective; for example, *es necesario, es importante, era triste, fue fantástico, (no) es verdad.* The subject of an impersonal expression is **it** (understood).

Some commonly used verbs of the will are:

| | |
|---|---|
| **aconsejar** | *to advise* |
| **decir** | *to tell, order, command* (but not when it means *to say, communicate information, inform*) |
| **dejar** | *to allow* |
| **desear** | *to wish* |
| **exigir** | *to demand* |
| **hacer** | *to make someone do something* |
| **impedir (i, i)** | *to prevent* |
| **insistir en** | *to insist on* |
| **mandar** | *to order, command* (but not when it means *to send*) |
| **pedir (i, i)** | *to ask, to request* |
| **preferir (ie, i)** | *to prefer* |
| **prohibir** | *to forbid, prohibit, keep from* |
| **querer (ie)** | *to want* |
| **recomendar (ie)** | *to recommend* |
| **rogar (ue)** | *to beg, implore* |
| **sugerir (ie, i)** | *to suggest* |

A few verbs have more than one meaning: sometimes they express will (a command, request, or wish), and other times they simply convey information. They are followed by the subjunctive **only** when they express will. Some verbs of this type are *decir, escribir,* and *insistir.*

*Examples:*    *Me **dice** que lo **llame** a menudo.*
                 **He tells (orders)** me **to call** him often. (command)

                          but

                 *Me **dice** que lo **llama** a menudo.*
                 **He tells** me that **she calls** him often. (information)

                 *Me **escribe** que **vuelva**.*
                 **He writes** me **to return**. (command)

                          but

                 *Me **escribe** que **vuelve**.*
                 **He writes** me that **he is returning**. (information)

## Subjunctive with verbs of emotion

When the main clause expresses an emotion (such as joy, surprise, fear, sadness, sorrow, etc.), the verb of the subordinate clause is in the subjunctive, provided that there is a change of subject.

*Examples:*    *Me **alegré** de que (tú) me **escribieras**.*
                 **I was happy** that **you wrote** to me.
                 (subject change: [*yo*] → *tú*)

*Yo **siento** que tú no me **escribas**.*
**I am sorry** that you don't **write** to me.
(subject change: *yo → tú*)

If there is no change of subject, an infinitive is used instead of a subordinate clause.

*Example:*　***Me alegro** de **escribirte**.*
**I am happy** that **I am writing** to you.

You should know these common verbs and expressions of emotion.

| | |
|---|---|
| **alegrarse (de)** | *to be glad, happy* |
| **esperar** | *to hope* (not *to wait*) |
| **estar contento(a) (de)** | *to be happy, content* |
| **estar furioso(a)** | *to be furious* |
| **gustar** | *to please* |
| **sentir (ie, i)** | *to regret, be sorry* |
| **sorprender** | *to surprise* |
| **temer** | *to fear* |
| **tener miedo (de)** | *to be afraid* |

The verb *temer* is usually followed by the indicative when it conveys a degree of certainty;

*Example:*　***Temo** que **va** a llover.*
**I think** (**I'm afraid**) **it's going** to rain.
(no emotion expressed, degree of certainty)

but it takes the subjunctive when it expresses emotion.

*Example:*　***Temo** que **vaya** a llover.*
**I'm afraid** (**It makes me afraid**) that **it might** rain.
(emotion expressed, degree of uncertainty)

## Subjunctive with verbs of doubt or negation

When there is a change of subject, a verb expressing doubt, negation, uncertainty, or denial in the main clause will require the subjunctive in the subordinate clause.

*Example:*　***Dudo** que Luis **pueda** ir.*
**I doubt** that Luis **can** go.
(subject change: I → Luis)

An infinitive is used instead of a subjunctive clause if there is no change of subject.

*Example:*　***Dudo poder** ir.*
**I doubt** that **I can** go.

Here are some commonly used verbs of doubt or negation.

| | |
|---|---|
| **dudar** | *to doubt* |
| **negar (ie)** | *to deny* |
| **no creer** | |
| **no estar seguro(a)** | *to be uncertain, unsure* |
| **no pensar, (ie)** | |

Note that in the case of verbs like *dudar* and *negar*, negating the verb makes it **affirmative**. It is then followed by the indicative rather than the subjunctive.

*Examples:*   **Dudamos** *que* **esté** *contenta.*
              **We doubt** that **she is** happy.

but

              *No dudamos* *que* *está contenta.*
              **We don't doubt** (**We are sure**) that **she is** happy.

## Subjunctive with impersonal expressions

All impersonal expressions, except *es verdad* (or similar expressions of certainty) are followd by the **subjunctive** when there is a **change of subject**.

*Examples:*   **Es necesario** *que Marta* **escriba** *una carta.*
              **It's necessary** for Marta **to write** a letter.
              (subject change: it → Marta)

              *Fue imposible* *que Marta* *escribiera* *ayer.*
              **It was impossible** for Marta **to write** yesterday.

When there is no subject change, an infinitive is used instead of a subordinate clause.

*Examples:*   **Es necesario escribir** *una carta.*
              **It's necessary to write** a letter.

              *Fue imposible escribir* *ayer.*
              **It was impossible to write** yesterday.

Here are some frequently used impersonal expressions that require a subjunctive in the following clause.

| | |
|---|---|
| **es posible** | *(it is possible)* |
| **es imposible** | *(it is impossible)* |
| **es increíble** | *(it is incredible)* |
| **es probable** | *(it is probable)* |
| **es importante** | *(it is important)* |
| **es necesario** | *(it is necessary)* |
| **es preciso** | *(it is necessary)* |

| | |
|---|---|
| **es urgente** | *(it is urgent)* |
| **es natural** | *(it is natural)* |
| **es ridículo** | *(it is ridiculous)* |
| **es justo** | *(it is fitting)* |
| **es interesante** | *(it is interesting)* |
| **es mejor** | *(it is better)* |
| **es (una) lástima** | *(it is a shame)* |

The **indicative** follows *es verdad* and similar expressions that express **certainty**.

| | |
|---|---|
| **es claro** | *(it is clear)* |
| **es cierto** | *(it is certain)* |
| **es evidente** | *(it is obvious)* |
| **es indiscutible** | *(it is beyond discussion)* |
| **es indudable** | *(it is beyond doubt)* |
| **es obvio** | *(it is obvious)* |
| **es seguro** | *(it is certain)* |
| **es un hecho** | *(it is a fact)* |

*Examples:*   ***Es verdad** que Helia **tiene** muchas amigas; **no es verdad** que **tenga** muchos amigos.*

It's **true** that Helia **has** a lot of girlfriends; **it's not true** that **she has** many boyfriends.

## Exercises

**A.** **Find the sentence in Ricardo's letter (pages 133-134) in which he uses the subjunctive to express doubt or disbelief.**

**1.** Copy it here.

_____

_____

**2.** Now write its English equivalent.

_____

_____

**B.** **Write Spanish equivalents of the following sentences.**

**1.** Guillermo calls me occasionally, but I want him to call more often.

_____

_____

_____

**2.** I was happy that Estela visited us, but I was sorry that she couldn't stay longer.

_____

_____

_____

**3.** It was true that Refugio and I were close friends, but it was a pity we didn't write each other more often.

_____

_____

_____

**4.** What a jerk! (_¡Qué estúpido!_) First he writes me that he is coming to visit; then he writes me to send him money for the ticket.

_____

_____

_____

**5.** I insist on being loyal, and I insist that my friends be loyal too.

_____

_____

_____

**C.** **Your best friend, Mayra, who attends college in Madrid, has written that she is very unhappy. You write back to her expressing your concern and offering advice. Combine the following fragments to produce complex sentences and make all necessary changes. Follow the example.**

> _Example:_ Yo / alegrarse de // tú / tener oportunidad de conocer Madrid
> _Me alegro de que tengas la oportunidad de conocer Madrid._

**1.** Yo / sentir // tú / no estar contenta

_____

_____

**2.** Yo / querer // tú / escribir más

_____

_____

**3.** Yo / sugerir // tú / hacer amigos con otros estudiantes de la universidad

_____

_____

**4.** Yo / no pensar // tú / deber abandonar tus estudios

_____

_____

**5.** Yo / saber // tú / echar de menos a tu familia y amigos

_____

_____

**6.** Yo / esperar // tú / seguir mis consejos y // todo te ir bien

_____

_____

**D.** **Trabajando con un(a) compañero(a), termine la siguiente carta.**

_____, ____ de _____ de 19____

_____ Fernando:

    Siento haber tardado tanto en contestar tu última carta, pero
aquí es necesario_____

_____

_____

_____.

Realmente no hay nada de nuevo por aquí. Este semestre sigo cursos en _____

_____,

así que el tiempo se me escapa muy rápidamente. Además de mis

estudios, _____

_____

_____

_____.

Como bien puedes imaginar, estoy muy ocupado(a) durante la semana; sin embargo, en los fines de semana _____

_____

_____

_____ .

¡Ojalá que te vaya bien en todo! Me alegro de saber que tú

_____

_____

_____

_____ .

¡Y qué bueno que _____

_____

_____

_____ !

Pero es una lástima que _____

_____

_____

_____ .

Cuando vengas a visitarme _____

_____

_____

_____ .

Vamos a divertirnos mucho. Diles a tus padres que _____

_____

_____

_____ .

Llama a Pablo y dile que me escriba.

Se despide tu amigo(a) de siempre,

_____

**E.** In the last line of the letter in Ejercicio D, explain why the writer uses the subjunctive _escriba_ rather than the indicative _escribe_.

_____

_____

_____

**F.** In the first line of the letter in Ejercicio D, a verb of emotion (*Siento...*) is used, but it is not followed by a subjunctive. Why?

_____

_____

_____

## A LA PRUEBA

**A.** El siguiente es un fragmento de una carta de Macedonio Fernández a su amigo, el ilustre escritor argentino Jorge Luis Borges. Es una ingeniosa carta con un gran sentido del humor. Prepárese para lo imprevisto (*unexpected*) y con la ayuda de un(a) compañero(a) lea la carta. Si tienen problemas, consulten con su profesor(a).

Querido Jorge:

      Iré esta tarde y me quedaré a comer si hay inconve-
niente y estamos con ganas de trabajar. (Advertirás que las
ganas de cenar ya las tengo y sólo falta asegurarme las
otras.)

      Tienes que disculparme el no haber ido anoche. Soy tan
distraído° que iba para allá y en el camino me acuerdo de que
me había quedado en casa. Estas distracciones frecuentes son
una vergüenza° y hasta me olvido de avergonzarme.

      Estoy preocupado con la carta que ayer concluí y
estampillé para vos°; como te encontré antes de echarla al
buzón° tuve el aturdimiento° de romperle el sobre y ponértela
en el bolsillo°: otra carta que por falta de dirección se habrá
extraviado°. Muchas de mis cartas no llegan, porque omito el
sobre o las señas° o el texto. Esto me trae tan contrariado°
que te rogaría vinieras a leer ésta a casa.

                                        Macedonio

**absent-minded**

**shame**

**you (informal)**
**Argentina**
**mail it / stupid-**
**ity**
**pocket**
**has probably**
**been lost**
**address / upset**

**B.** **El autor descompone y se burla (*makes fun*) del universo que conocemos y logra
(*achieves*) así su humor. Por ejemplo, en las dos primeras líneas dice que irá *si hay
inconveniente* cuando normalmente se diría *si no hay inconveniente*. ¿Por qué cree
usted que las siguientes oraciones introducen un tono cómico a la carta?**

1. Soy tan distraído que iba para allá y en el camino me acuerdo de que me había
   quedado en casa.

   _____

   _____

   _____

   _____

2. Estas distracciones frecuentes son una vergüenza y hasta me olvido de avergonzarme.

   _____

   _____

   _____

_____

_____

3.   Muchas de mis cartas no llegan, porque omito el sobre o las señas o el texto.

_____

_____

_____

_____

_____

**C.**   **En una hoja adicional, escríbale una carta a un(a) amigo(a) y entréguesela a su profesor(a). Un poco de humor no estaría mal.**

## Más allá

Discuta los siguientes temas con sus compañeros de clase. Luego escriba sus comentarios sobre uno de ellos.

1.   La amistad, ¿cuáles son sus límites? ¿Cuánto debe sacrificarse un(a) amigo(a) por otro(a)? ¿En qué momento es lo que pide un(a) amigo(a) inaceptable?

2.   El perro es el mejor amigo del hombre. ¿Están ustedes de acuerdo? ¿Por qué? ¿Podrían citar algunos ejemplos?

3.   ¿Puede la relación entre un hombre y una mujer ser solamente amistad? ¿Creen ustedes que son inevitables las relaciones íntimas? Den algunos ejemplos para ilustrar su posición.

**Comentarios:**

# El mundo de los negocios

**8**

## Objectives

Upon completion of this chapter you should be able to

- write memoranda and business letters,
- utilize appropriate vocabulary to write about business,
- use the subjunctive mood in adjective and adverb clauses that describe unknown entities and events yet to occur.

Job interview. Caracas, Venezuela.

# PARA HABLAR DEL TEMA

## Vocabulario esencial

Estudie las siguientes palabras y expresiones. Le pueden resultar útiles para entender el capítulo y escribir sobre el mundo de los negocios.

### sustantivos

| | |
|---|---|
| el aviso | *announcement* |
| la bancarrota | *bankruptcy* |
| los bienes | *goods* |
| la carta de recomendación | *reference letter* |
| la colocación | *position, job* |
| el (la) destinatario(a) | *recipient* |
| la empresa | *business, company, firm* |
| la entrevista | *interview* |
| el (la) entrevistador(a) | *interviewer* |
| el facsímil | *fax* |
| las finanzas | *finances* |
| la firma | *firm, company* |
| los fondos | *funds* |
| la gerencia | *management* |
| el (la) gerente | *manager* |
| la hoja de datos / la hoja de vida / el currículum vitae | *resume* |
| el impuesto sobre la renta | *income tax* |
| la inversión | *investment* |
| el membrete | *letterhead* |
| la meta | *goal* |
| la posición | *position, job* |
| el préstamo | *loan* |
| el puesto | *job, position* |
| la referencia | *reference* |
| el (la) remitente | *sender* |
| la sociedad anónima (S.A.) | *incorporated business, corporation* |
| el (la) solicitante | *applicant* |
| la solicitud | *application* |
| el (la) subalterno(a) | *subordinate* |
| la vacante | *job opening* |

### verbos

| | |
|---|---|
| brindar / prestar servicios | *to offer services* |
| desempeñar un trabajo | *to work* |
| invertir (ie, i) | *to invest* |
| realizar estudios | *to study* |
| rogar (ue) / suplicar | *to request, to beg* |

*adjetivo*

**financiero(a)**                              *financial*

*adverbios*

**atentamente / sinceramente**          *sincerely*

**A.**   **Lea la siguiente oferta de empleo, la carta de la solicitante y su currículum vitae.**

---

| IMPORTANTE INDUSTRIA ALIMENTARIA REQUIERE:

# CONTADOR GENERAL

Los aspirantes deben ser contadores privados, preferiblemente graduados, o estudiantes avanzados en contaduría pública, tener una experiencia de tres años como mínimo en el sector industrial y amplios conocimientos de computación.

El candidato ideal debe poseer un desempeño exitoso en materia tributaria, en trámites de importación y exportación, y en contabilidad de costos.

La edad de los aspirantes debe ser de 30 a 35 años, los cuales deben estar dispuestos a iniciar labores de inmediato.

Los interesados por favor envíen su currículum vitae, con sus aspiraciones salariales, a C&C Consultores S.A., apartado 6452-1000 San José, o bien por medio del facsímil No. 25-75-32. Consideraremos las ofertas recibidas hasta el 16 de setiembre, inclusive. Garantizamos el trato confidencial de sus documentos.

**C & C
Consultores s.a.
Coopers
& Lybrand**   |   **Soluciones
para su
negocio**

---

San José, 10 de septiembre de 1994


C&C Consultores S.A.
Apartado 6452-1000
San José


Muy estimados señores:

**business** | Leí con sumo interés el aviso que su empresaˆ publicó en *La Nación* en el cual se solicitan los servicios de un contador general.

Tengo 32 años, soy graduada de la Escuela de Comercio de la Universidad Nacional, he trabajado con la Compañía Constructora Nacional por cuatro años y tengo experiencia en computación, como se explica en mi currículum vitae.

Quedaré muy agradecida° si ustedes tuvieran la bondad de concederme una entrevista para exponer en detalle el tipo de servicio que podría desempeñar en su firma.

Si desean cartas de recomendación se las enviaré gustosa.

Atentamente,

*Julieta Prado Loría*
Julieta Prado Loría

grateful

# CURRÍCULUM VITAE

**Julieta Prado Loría**
Calle 8, Avenida 12, Moravia, San José
Teléfono 21–53–79

**Metas profesionales**
Superarme° en el campo de la contaduría pública y de los negocios

To achieve excellence

**Educación**
1992 —Universidad Estatal de Santo Tomás, seminario en computación para contadores públicos
1984–1988 —Universidad Nacional, título en contaduría
1976–1983 —Colegio Superior de San Blas, bachillerato

**Experiencia**
1991 al presente, Compañía Constructora Nacional, contaduría pública de la empresa. Encargada del° departamento de finanzas, responsable de la preparación del impuesto sobre la renta
1988–1990 —asistente del gerente, Supermercados Gigante

In charge of the

**Habilidades en computación**
hoja electrónica de cómputo°, conocimiento de Data Base

computer spreadsheet

**B.** **Conteste las siguientes preguntas sobre el anuncio, la carta y el currículum vitae.**

1.  ¿Qué condición se pide a los aspirantes en la oferta de empleo que es ilegal en los Estados Unidos?

    _____

2.  Si usted estuviera a cargo de recrutar candidatos para el puesto de Consultores Coopers & Lybrand S. A., ¿le concedería usted una entrevista a Julieta? Explique sus razones.

    _____

    _____

    _____

    _____

    _____

3.  En el aviso se pide que se envíen, junto con el currículum vitae, las aspiraciones salariales. Julieta omitió ese detalle. ¿Le parece a usted buena o mala táctica? ¿Por qué?

    _____

    _____

    _____

**C.** **Ahora haga una lista de las palabras del Ejercicio A que usted no conocía. Añada otros vocablos que le podrían ser útiles para escribir sobre los negocios. Si es necesario, busque esos términos en su diccionario.**

| | | |
|---|---|---|
| _____ | _____ | _____ |
| _____ | _____ | _____ |
| _____ | _____ | _____ |
| _____ | _____ | _____ |
| _____ | _____ | _____ |
| _____ | _____ | _____ |
| _____ | _____ | _____ |
| _____ | _____ | _____ |

# ANÁLISIS DE LOS MEMORANDOS Y LAS CARTAS COMERCIALES

## *Los memorandos*

Los memorandos o «memos» son mensajes que se envían dentro de una institución. Son comunicados informales y generalmente cortos. De ordinario los jefes usan este tipo de mensaje para dar instrucciones o notificaciones a sus subalternos. Quizá las dos cualidades principales de un memorando son el ser conciso y claro.

Hay ocho elementos básicos en un memorando:

1.  **el membrete**, es decir, la inscripición con el nombre y señas de la compañía o institución que expide el escrito.

2.  **la fecha**

3.  **el destinatario**   (A: _____ )

4.  **el origen**        (De: _____ )

5.  **el asunto** (el tema o el tópico del memo)

6.  **el mensaje** (texto del memorando) y

8.  **las iniciales** o **firma**

Observe ahora dos posibles formatos para un memorando:

---

Membrete

(dos espacios)

Memorando

(de cuatro a seis espacios)

Fecha:

(dos espacios)

A:     _____

De:    _____

Asunto: _____

(dos espacios)

texto del mensaje

(cuatro espacios)

firma_____

---

Membrete

(dos espacios)

Memorando

(de cuatro a seis espacios)

A:

De:

Fecha:

Asunto:

(dos espacios)

texto del mensaje

Existen variaciones en el formato del memorando. Por ejemplo, después del membrete y la palabra **memorando**, se puede escribir la fecha; también es posible colocarla (*to place it*) antes del asunto. La firma se incluye en algunas ocasiones; en otras, solamente aparecen las iniciales junto al nombre del remitente. La preposición más corriente para señalar el destinatario es **a**; la preposición **para** también se puede usar.

Observe los siguientes ejemplos de memorandos.

INA

MEMORANDO

A: D. Prog. Especiales          Fecha: 22 de enero de 1994

De: Lic. Raquel Ortiz A.        Asunto: Envío documento

*RO*

Le remito el documento recibido de CINTERFOR, «Anuario estadístico de la formación profesional en América Latina». El ejemplar es para uso de su departamento por lo cual le ruego notificar a todos los funcionarios que se encuentren bajo su dirección.

UNIVERSIDAD TÉCNICA ESTATAL DE SANTO TOMÁS

MEMORANDO

A:        Cuerpo docente° y alumnado                                    Faculty
De:       Dimas Molina Álvarez
Fecha:    17 de noviembre de 1994
Asunto:   Nuevas regulaciones de estacionamiento

De acuerdo con las nuevas regulaciones vigentes° a partir del        in place
próximo mes de diciembre, el cuerpo docente usará los esta-
cionamientos A y B ubicados° detrás de la biblioteca. Los estu-       located
diantes estacionarán sus vehículos en las secciones C, D y F.
La sección G se reserva para los visitantes y los minusvá-
lidos°.                                                               handicapped

**A.** **Relea el memorando anterior (de Dimas Molina Álvarez) e identifique sus partes.**

   **1.** ¿Quién es el remitente?

   _____

   **2.** ¿Cuál es el mensaje del memo?

   _____

   **3.** ¿De qué mes en adelante se implantarán las nuevas medidas?

   _____

## *La carta comercial*

Si usted alguna vez trabajara para una compañía con nexos (*connections*) con el mundo
hispano, es de esperar que necesite redactar una carta comercial. Esta sección le
brindará (*will offer*) la oportunidad de practicar la escritura de este tipo de carta.

   La carta comercial es un escrito que demanda más cuidado y preparación que la
carta personal o el memorando. He aquí algunos pasos que le ayudarán a obtener
mejores resultados en la confección de cartas comerciales:

1. Establezca el motivo de la carta y obtenga los datos necesarios para su redacción.

2. Algunas personas encuentran útil hacer un esquema o bosquejo (*outline*) de la
   carta.

3. Elabore el borrador (*draft*) de la carta.

4. Haga las correcciones necesarias, aplicando su conocimiento de la estructura gramatical y la reglas de la puntuación y la ortografía.

Una carta comercial debe incluir lo siguiente.

1. **la fecha**

2. **el destinatario**

3. **el saludo**

4. **el cuerpo de la carta**

5. **la despedida**

6. **la firma**

La fecha de la carta generalmente contiene el lugar de origen también. Empiece con la ciudad o pueblo desde donde escribe, luego use una coma y escriba la fecha comenzando con el día, continuando con el mes y terminando con el año.

*Ejemplo:* San José, 29 de marzo de 1994

El destinatario es la institución o individuo a quien nos dirigimos. Es de suma importancia que el nombre, el rango (*rank*) o cargo (*position*) y los títulos del destinatario estén correctamente escritos.

*Ejemplos:* Doctor
Miguel Angel Zúñiga O.
Hospital San Juan de Dios
Paseo Colón 489
San Salvador, El Salvador

Señores
Domingo Fuscaldo Hnos.
Calle 7, Avenida 12
Bogotá, Colombia

El saludo debe ser cordial y sencillo. Generalmente se usa la palabra **estimado(a, os, as)** más el título (doctor, profesora, señorita, etc.). Cuando la carta está dirigida a una empresa o institución, **señores** o **estimados señores** es suficiente. Después de la frase de saludo se colocan (*are placed*) dos puntos.

*Ejemplos:* Señores:
Estimados señores:
Estimada doctora Sáenz:
Muy señor mío:

**B.** Ahora usted va a enviar una carta a la Lic. Victoria Gaitán, presidenta del Consejo Superior de Educación. Su dirección: Calle 12, No. 77, Ministerio de Educación Pública, Santiago, Chile. Organice el encabezamiento de la carta incluyendo la fecha, la dirección y el saludo.

**fecha**

_____

**nombre y dirección**

_____

_____

_____

_____

**saludo**

_____

El cuerpo de la carta es la sección del texto mismo. Continuamos luego con la despedida. En una carta comercial moderna se emplea una de las siguientes:

Atentamente,

Cordialmente,

Sinceramente,

Ahora escriba una despedida para la carta a la Lic. Gaitán.

**despedida**

_____

Por último encontramos la firma del remitente con su título o rango.

Observe los dos estilos de cartas en la página siguiente.

*Estilo bloque*

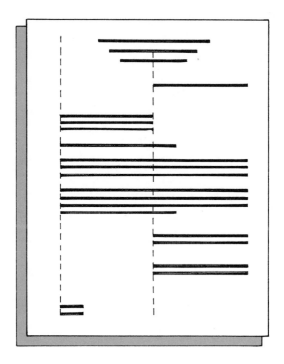

*Estilo semibloque*

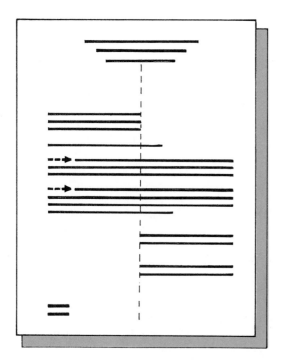

## Motivos para una carta comercial

Son muchas las razones para escribir una carta comercial. Entre las más comunes están:

1. solicitar o dar información
2. hacer o cancelar un pedido (*order*) o contrato
3. solicitar u ofrecer empleo
4. dar las gracias por algún servicio
5. presentar quejas (*complaints*) por algún problema
6. dar excusas por un contratiempo (*mistake, confusion*)

## Expresiones y oraciones comunes en las cartas comerciales

Aunque la originalidad siempre es deseable, he aquí unas cuantas oraciones y expresiones que podrían ayudarle al principio con la redacción de cartas comerciales:

### *Introducciones*

1. Leí con gran interés su carta...
2. Muchas gracias por su carta...
3. Muy agradecidos por su interés en...
4. Agradecemos su interés en...
5. Nos es grato (*We are happy, It pleases us*) informarle que...
6. Adjunto (*I enclose*) nuestra última lista de precios...
7. Incluyo nuestro catálogo...
8. Nos complace (*It pleases us*) informarle que...
9. Gracias por la oportunidad que nos brinda (*offer*) para...
10. Es con mucho agrado que...
11. Lamento los problemas que ha tenido...
12. Lamento informarle que...
13. Mis más sinceras disculpas (*apologies*) por...
14. Siento que...
15. Sírvase considerar esta carta como la cancelación de...

### *Conclusiones*

1. Tuvimos sumo agrado en...
2. Esperamos continuar sirviéndole...
3. Ha sido un placer servirle...

El siguiente es un ejemplo de los pasos a seguir en la confección de una carta comercial.

1. motivo: dar información y ofrecer servicios
2. bosquejo:
   a. expresar las gracias
   b. dar información sobre nuestros productos
   c. pedir información y ofrecer servicios
   d. frases de conclusión
3. borrador:

   Le agradezco profundamente su interés en los productos de nuestra compañía. El abrir mercados para el público norteamericano de origen hispano nos parece una idea excelente.
   Por más de tres décadas ha sido nuestra meta complacer el exigente paladar (*palate*) del gastrónomo. Para alcanzar tal meta, ofrecemos hoy al consumidor toda una gama de especias, salsas y encurtidos (*pickles*).
   Quizá se podría decir que nuestra especialidad son las salsas y los encurtidos. Producimos dos variedades de encurtido: uno en mostaza y otro en vinagre. En cuanto a las salsas que elaboramos, la «Salsa Inglesa» y la «Salsa Picante» son de inigualable calidad y sabor. Son nuestro orgullo (*pride*). Le agradecería que nos explicara con más detalles las regulaciones con que deberíamos cumplir para un posible envío de nuestros productos a los Estados Unidos. Estamos dispuestos a acomodarnos a sus necesidades y normas. Muchas gracias de nuevo y esperamos tener la oportunidad de servirle en un futuro cercano.

4. copia final:

---

EL BUEN SABOR, S. A.
225 AV. SAN VALENTÍN
LIMA, PERÚ

25 de julio de 1994

Señor
Luis Marín
La Mirada, California
Estados Unidos

Estimado señor:

Le agradezco profundamente su interés en los productos de nuestra compañía. El abrir mercados para el consumidor norteamericano de origen hispano nos parece una excelente idea.

Por más de tres décadas ha sido la meta de la empresa el complacer el exigente paladar del gastrónomo. Para alcanzar tal objetivo, ofrecemos hoy toda una gama de especias, salsas y encurtidos. Las salsas y los encurtidos son, sin embargo, nuestro orgullo. Producimos dos variedades de encurtido: uno en mostaza y otro en vinagre. En cuanto a las salsas que elaboramos, la «Salsa Inglesa» y la «Salsa Picante» son de inigualable calidad y sabor.

Le agradecería que nos explicara con más detalles las regulaciones con las que deberíamos cumplir para hacer un envío a los Estados Unidos. Estamos dispuestos a acomodarnos a sus necesidades y normas. Muchas gracias de nuevo y esperamos tener la oportunidad de servirles en un futuro cercano.

Cordialmente,

*Rosalba Perales Ch.*

Rosalba Perales Ch.
Gerente de Publicidad

**C.** **Busque y copie de la carta anterior:**

**1.** el membrete

_____

_____

_____

**2.** el destinatario

_____

_____

_____

**3.** el remitente

_____

_____

**D.** Ahora escriba otro posible saludo para la carta.

_____

Agregue además otra despedida.

_____


# PARA ESCRIBIR MEJOR

## *Cómo preparar preguntas para una entrevista*

**A.** Lea la siguiente información sobre las entrevistas.

### ¿Qué es una entrevista?

La entrevista, cuando se solicita una colocación, es el evento más importante del proceso. El patrón ha determinado que las destrezas° del candidato llenan los requisitos de la compañía y ahora quiere medir° personalmente el potencial del solicitante. Muchos factores no se pueden descubrir a través de un currículum vitae u hoja de vida. Es difícil juzgar, sin un contacto personal, las actitudes, la habilidad para comunicarse y los aspectos fuertes o débiles del aspirante. Una entrevista también le ofrece, tanto al entrevistador como al entrevistado, la oportunidad de hacer y contestar preguntas sobre aspectos que aún no estén claros.

    La preparación para la entrevista es esencial. Hay dos áreas que el interesado debe escudriñar° cuidadosamente antes de presentarse a la entrevista: sus aptitudes, valores e intereses y las metas y necesidades de la empresa que busca los servicios. Comience por autoevaluarse. ¿Cuáles son sus habilidades, intereses, cualidades de liderazgo°, conocimientos técnicos, aspiraciones personales, actidues y esperanzas? Estudie además el tamaño y organización de la firma, su potencial de crecimiento, el tipo de servicio o producto que ofrece, su localización geográfica, las posibles necesidades de la compañía en las que usted puede ser útil y finalmente el prestigio de su futuro trabajo dentro de la empresa. Armado con toda esta información, va a gozar de gran éxito en el competitivo mundo de los negocios.

*skills*
*to measure*

*to scrutinize*

*leadership*

**B.** Relea el anuncio de empleo, la carta de solicitud y el currículum vitae de las páginas 152–153 y prepare con otros cuatro compañeros de clase diez preguntas pertinentes para hacerle a Julieta Prado durante la entrevista.

1. _____

_____

2. _____
   _____

3. _____
   _____

4. _____
   _____

5. _____
   _____

6. _____
   _____

7. _____
   _____

8. _____
   _____

9. _____
   _____

10. _____
    _____

**C.** Ahora intercambien su lista de preguntas con otro grupo y piensen en buenas respuestas para las preguntas de sus compañeros, basándose en la información de la carta y del currículum vitae.

1. _____
   _____

2. _____
   _____

3. _____
   _____

4. _____
   _____

5. _____
   _____

6. _____
   _____

7. _____

_____

8. _____

_____

9. _____

_____

10. _____

_____

# ESTRUCTURAS EN ACCIÓN

## The subjunctive in adjective clauses

An adjective is a word that describes a person, place, or thing.

> *Example:* *Tengo un puesto **interesante**.*
> (*Interestante* describes *puesto*.)
> I have an **interesting** job.

An adjective clause is an entire clause that functions as an adjective.

> *Example:* *Tengo un puesto **que es interesante**.*
> (*Que es interestante* describes *puesto*.)
> I have a job **that is interesting**.

If the antecedent (the person, place, or thing being described) is **definite, specific**, or **known to exist**, then the verb of the adjective clause is in the **indicative** mood.

> *Examples:* *En nuestra compañía **hay** muchos empleados que **hablan** inglés y español.*
> In our company **there are** many employees who **speak** English and Spanish.
>
> *Tenemos una contadora que **habla** inglés y español.*
> **We have** an accountant who **speaks** English and Spanish.

However, if the antecedent is **unknown, indefinite**, or **nonexistent**, then the verb of the adjective clause must be in the **subjunctive**.

> *Examples:* *En nuestra compañía **no hay ningún** empleado que **hable** inglés y español.*
> In our company **there are no** employees who **speak** English and Spanish.
>
> *Buscamos una contadora que **hable** inglés y español.*
> **We're looking for** an accountant who **speaks** English and Spanish.

NOTE: You may wish to complete exercises A through C on pages 168–170 before beginning the following section.

## The subjunctive in adverb clauses

A word that modifies a verb is an adverb. It gives information such as **when, why, how, under what conditions or circumstances**, etc.

> *Example:*  *Escribo el memorando **pronto**.*
> (*Pronto* modifies *Escribo*.)
> I'll write the memo **soon**.

An adverb clause is an entire clause that functions as an adverb.

> *Example:*  *Escribí el memorando **tan pronto como la presidenta me lo pidió**.*
> (*Tan pronto como la presidenta me lo pidió* modifies *Escribí*.)
> I wrote the memo **as soon as the president asked me**.

Adverb clauses are introduced by a conjunction. In Spanish, certain conjunctions are **always** followed by the subjunctive because they contain information that may or may not happen or because they show a cause-and-effect or conditional relationship. They do not express fully realized or accomplished acts; hence there is an **implied uncertainty or doubt**. The following conjunctions always require the subjunctive:

| | |
|---|---|
| **a fin de que** | *in order that, so that* |
| **a menos que** | *unless* |
| **antes (de) que** | *before* |
| **con tal (de) que** | *provided that* |
| **en caso (de) que** | *in case, in the event that* |
| **para que** | *so that, in order that* |
| **sin que** | *unless, without* |

> *Examples:*  *Aceptaré el puesto **con tal que** me **ofrezcan** un buen sueldo.*
> I'll accept the position **provided that they offer** me a good salary.
>
> *No debo distribuir el memo **sin que** lo **vea** el gerente.*
> I shouldn't distribute the memo **without** the manager **seeing** it.

Other conjunctions are followed by the **subjunctive** only when they introduce **information that has not yet occurred or that is hypothetical**. When they introduce **known facts or habitual actions**, then the **indicative** is used.

| | |
|---|---|
| **aunque** | *although, even though, even if* |
| **cuando** | *when* |
| **después (de) que** | *after* |
| **en cuanto** | *as soon as* |
| **hasta que** | *until* |
| **tan pronto como** | *as soon as* |

*Examples:*    *Voy a aceptar el puesto, **aunque** el salario **es** bajo.*
I'm going to accept the job, **even though** the salary **is** (in fact) low.

but

*Voy a aceptar el puesto, **aunque** el salario **sea** bajo.*
I'm going to accept the job, **even though** the salary **may be** low. (I do not yet know the exact salary.)

*Siempre me quedo en la oficina **hasta que se va** el jefe.*
I always stay in the office **until** the boss **leaves**.

*Anoche me quedé en la oficina **hasta que se fue** el jefe.*
Last night I stayed in the office **until** the boss **left**.

but

*Voy a quedarme en la oficina **hasta que se vaya** el jefe.*
I'm going to stay in the office **until** the boss **leaves**.

When there is no change of subject, a preposition (*antes de, para, sin, después de, hasta,* etc.) plus an infinitive usually replaces the subordinate adverb clause.

*Examples:*    *Revisé el memo **antes de que** la secretaria lo **distribuyera**.*
I revised the memo **before** the secretary **distributed** it.
(subject change: *yo → la secretaria*)

but

*Revisé el memo **antes de distribuirlo**.*
I revised the memo **before I distributed it**.
(no subject change)

*Tengo que quedarme **hasta que** el secretario **termine** la carta.*
I have to stay **until** the secretary **finishes** the letter.
(subject change: *yo → el secretario*)

but

*Tengo que quedarme **hasta terminar** la carta.*
I have to stay **until I finish** the letter.
(no subject change)

## Exercises

**A.** Give Spanish equivalents of the following sentences. Be prepared to justify your choices.

1. We're looking for a bilingual accountant.

   _____

   _____

2. We're looking for an accountant who is bilingual.

   _____

   _____

3. We have an accountant who is bilingual.

   _____

   _____

4. I need an efficient manager.

   _____

   _____

5. I need a manager who knows how to write memos.

   _____

   _____

6. I have a manager who doesn't know how to write memos.

   _____

   _____

**B.** **Use your imagination to complete the following sentences.**

1. Tengo un puesto que _____ ,

   pero busco uno que _____ .

2. Hay muchas compañías que _____ ,

   pero prefiero trabajar en una compañía que _____

   _____ .

3. En nuestra oficina siempre recibimos memorandos que _____

   _____ ;

   nunca recibimos memos que _____

   _____ .

4. Esa empresa solicita empleados que _____

_____ ;

ya tiene muchos empleados que _____ .

5. Pilar prefiere un gerente que _____ ;

desgraciadamente tiene uno que _____ .

**C.** **Reread the C&C Consultores job ad on page 152, then complete the following observations.**

C&C Consultores busca un contador...

1. que _____ (ser) graduado en contaduría pública.

2. que _____ (tener) bastante experiencia.

3. que _____ (conocer) de computación.

4. que _____ (poseer) un desempeño exitoso en contabilidad de costos.

5. que _____ (tener) de 30 a 35 años.

6. que _____ (estar) dispuesto a iniciar labores inmediatamente.

**D.** **Doña Esperanza wrote a letter of reference for Rubén Cardona and gave him advice in preparation for his recent job interview. Use either the** *indicative* **or the** *subjunctive* **of the verbs in parentheses to compete the following letter in which he thanks her and tells her about the interview.**

Guadalajara, 8 de diciembre de 1994

Muy estimada doña Esperanza:

Gracias por su carta de recomendación. Ayer fui a la entrevista con la compañía Pemex. Cuando _____ (yo/llegar), la secretaria me dijo que el comité entrevistador me vería pronto. Mientras _____ (yo/esperar), leí mis notas y sus consejos y repasé mis ideas sobre el puesto. La entrevista resultó excelente. Antes de que los miembros de la mesa (*panel*) me _____ (hacer) preguntas, me explicaron los beneficios de la empresa. Quedé muy impresionado. Después de que _____ (ellos/terminar) sus explicaciones, hablé yo de mi experiencia y conocimientos.

A menos que _____ (yo/haber dicho) tonterías sin _____ (yo/darme) cuenta, creo tener buenas posibilidades de obtener el trabajo. Si me ofrecen el puesto, lo voy a aceptar aunque _____ (yo/tener) que mudarme (*to move*) a otro estado. Tan pronto como _____ (yo/recibir) noticias, le escribiré con los detalles. Otra vez, muchas gracias por su ayuda.

Sinceramente,

*Rubén Cardona*

Rubén Cardona

## A LA PRUEBA

A. Usted es el (la) gerente de los almacenes Olimpia. Se acerca la Navidad y desea comunicarles a los jefes de departamento el nuevo horario para los días festivos. Escriba un memorando en el que indica que a partir del 23 de noviembre las tiendas estarán abiertas de las nueve de la mañana hasta las diez de la noche y que se trabajará jornada (*shift*) continua con una hora para el almuerzo y otra para la cena. Los turnos de los empleados deben rotar.

_____

_____

_____

_____

_____

_____

_____

_____

_____

_____

_____

_____

_____

_____

_____

_____

**B.** Su compañía está concursando en una licitación (*bid*) que proveerá un sistema computarizado de contabilidad para una empresa bastante importante. Recientemente usted y sus colegas le hicieron una demostración al posible cliente. En una hoja adicional, escriba una carta en la que reitera las ventajas de su sistema. Incluya las siguientes ideas:

- Dé las gracias por la oportunidad que se le brindó.

- Recuérdeles que el sistema que usted propone es flexible y se ajusta a las necesidades de la compañía.

- Mencione que el costo es razonable.

- Explique que el sistema es de fácil manejo (*easy to manage*).

- Indique que la instalación se puede llevar a cabo (*be accomplished*) en corto tiempo.

## Más allá

Discuta los siguientes temas con sus compañeros de clase. Luego escriba sus comentarios sobre uno de ellos.

1. Muchas veces surgen conflictos entre los principios morales y los intereses económicos de una empresa. Piensen, por ejemplo, en los dilemas que se presentan en la industria del tabaco, automovilística, de la construcción (the building industry), etc. ¿Qué se debe hacer en estas situaciones? Defiendan sus opiniones.

2. ¿Cómo han cambiado las computadores el mundo de los negocios? Podrían, por ejemplo, hablar de los bancos, las compañías de viaje, los pedidos a través de catálogos, etc. Hagan una lista de todos los cambios que puedan.

3. ¿Cuáles son las cualidades de un(a) buen(a) gerente de empresa? Comenten sobre el trato (*treatment*) que debe mantener con sus subalternos, las habilidades de mando (*leadership skills*), el conocimiento del mercado, etc.

*Comentarios:*

# En busca de tiempos idos

**9**

## Objectives

Upon completion of this chapter you should be able to

- understand the narrative process and write short narrations,
- utilize appropriate vocabulary to write about your childhood and adolescence,
- use the preterite and the imperfect correctly.

Costa Rican schoolchildren.

# PARA HABLAR DEL TEMA
. . . . . . . . . . . . . . . . . . . . . . . . . . . . . . . . . . . . . . . . . . . . . . . . . . . . . . . . . . . . . . . . . . . . .

## *Vocabulario esencial*

Estudie las siguientes palabras y expresiones. Le pueden resultar útiles para entender y escribir narraciones sobre la niñez y la adolescencia.

### *sustantivos*

| | |
|---|---|
| **el cuento / la historia** | *story* |
| **el desarrollo** | *development, unfolding* |
| **el desenlace** | *unravelling, denouement* |
| **la juventud** | *youth* |
| **el (la) maestro(a)** | *teacher* |
| **el (la) narrador(a)** | *narrator* |
| **la niñez** | *childhood* |
| **la trama / el argumento** | *plot* |

### *verbos*

| | |
|---|---|
| **aburrirse** | *to get bored* |
| **bostezar** | *to yawn* |
| **estirarse** | *to stretch* |
| **lanzar** | *to throw* |
| **narrar / contar (ue)** | *to narrate* |
| **perseguir (i, i)** | *to pursue, persecute, harass* |

### *expresiones*

| | |
|---|---|
| **a menudo** | *often* |
| **al final** | *at the end* |
| **al principio** | *at the beginning* |
| **de fijo** | *surely, without a doubt* |
| **de niño(a)** | *as a child* |
| **de ordinario** | *regularly, commonly* |
| **después** | *afterwards* |
| **entonces** | *then, at that time* |
| **luego** | *then* |
| **por lo general / usualmente** | *generally, usually* |
| **por último** | *finally* |

**A.** **Lea la siguiente narración.**

**El enfrentamiento°** — confrontation

De niña, debía caminar a la escuela todos los días. Por el trayecto° siempre tropezaba° con un gordito pelirrojo° y pecoso° que me atormentaba. De fijo tenía algo que lanzarme: piedras pequeñas o insectos muertos. Yo corría hacia la escuela llorando y él me perseguía con gran estruendo° y risas. Muchas veces la maestra me preguntó: «¿Qué te pasa? ¿Por qué estás llorando?», pero yo tenía demasiado miedo para contarle la verdad.

*Along the way*
*came across /*
*red- headed /*
*freckled*

*clamor*

Pasó mucho tiempo sucediendo° lo mismo hasta que un día decidí no huír° más. Fue el día del enfrentamiento. Venía a paso lento hasta que llegué donde estaba el gordito. Me propuse ser valiente y no demostrarle miedo aunque por dentro me moría. Él tomó una piedra para lanzármela, pero al observar que yo permanecía inmóvil°, el brazo se le paralizó. Fue entonces que empecé a avanzar hacia él. La confusión aumentaba en su rostro por cada paso que yo daba. Cuando estuve frente a él, le di un golpe fuerte con mi bolsa del almuerzo en la mitad de su asustada cara. Se fue corriendo hacia la escuela. Desde ese día nunca más me molestó°. Luego hasta trató de ser mi amigo. ¡No gracias!

*occurring*
*to run away*

*motionless*

*bothered*

**B.** **Conteste las siguientes preguntas sobre la historia.**

1. ¿Qué pasó? Resuma las acciones de la historia en las siguientes líneas.

    a. _____

    _____

    b. _____

    _____

    c. _____

    _____

d. _____

_____

e. _____

_____

**2.** ¿Qué aprendemos sobre la autora en esta narración?

_____

_____

_____

**C.** **Todos, alguna vez en la vida, hemos sufrido algún tipo de persecución. Brevemente explique quién le atormentaba. ¿Qué pasó?**

_____

_____

_____

_____

_____

_____

_____

_____

_____

_____

_____

**D.** **Ahora haga una lista de las palabras del Ejercicio A que usted no conocía. Añada otros vocablos que le podrían ser útiles para escribir sobre su niñez y adolescencia. Si es necesario, busque esos términos en su diccionario.**

| | | |
|---|---|---|
| _____ | _____ | _____ |
| _____ | _____ | _____ |
| _____ | _____ | _____ |
| _____ | _____ | _____ |
| _____ | _____ | _____ |
| _____ | _____ | _____ |
| _____ | _____ | _____ |
| _____ | _____ | _____ |

## ANÁLISIS DE LA NARRACIÓN

Narrar quiere decir **contar**. Se puede narrar hechos reales o imaginarios en el presente, en el pasado o en el futuro. Una narración no tiene límites fijos ( *fixed, set*). Su extensión va desde el cuento corto hasta la novela. Aunque la narración se centra en el desarrollo de la acción, el proceso narrativo debe complementarse con la descripción para dar imágenes de los personajes, las cosas que los rodean (*surround*) y los lugares donde se desarrolla la historia.

Aquí tiene una secuencia de eventos. Léala.

entrar en la sala / ver a mi mamá sentada frente al televisor / estar mirando las noticias del día / verme / levantarse / dirigirse a la cocina

Lea ahora los siguientes párrafos y observe especialmente el efecto que tiene el uso del presente, el pasado y el futuro en el tono de la narración.

Entro en la sala. Veo a mi mamá sentada frente al televisor. Está mirando las noticias del día. Cuando me ve, se levanta y se dirige a la cocina.

Entré en la sala. Vi a mi mamá sentada frente al televisor. Estaba mirando las noticias del día. Cuando me vio, se levantó y se dirigió a la cocina.

Entraré en la sala. Veré a mi mamá sentada frente al televisor. Estará mirando las noticias del día. Cuando me vea, se levantará y se dirigirá a la cocina.

**A.** **¿Qué efecto se logra en la narración con el uso del presente?**

_____

_____

_____

**¿el pasado?**

_____

_____

_____

**¿el futuro?**

_____

_____

_____

Como usted seguramente observó, el presente le permite al lector descubrir la acción junto con el narrador, el pasado enfatiza (*emphasizes*) la anterioridad de la historia y el futuro es una premonición.

El escritor también puede contar su historia en primera persona (uso de los pronombres **yo** o **nosotros**), segunda persona (uso de los pronombres **tú** o **vosotros**) o tercera persona (uso de los pronombres **él**, **ella**, **ellos** o **ellas**). La mayoría de las narraciones se hacen en primera o tercera persona. Observe la diferencia.

Era un día caluroso (*hot*). Me bajé del autobús en Tamarindo. Caminé hasta el hotel y empujé (*I pushed*) la puerta. Una vieja sentada detrás del mostrador (*counter*) que jugaba solitario me miró fijamente (*fixedly*) cuando entré.

Era un día caluroso. El hombre se bajó del autobús en Tamarindo. Caminó hasta el hotel y empujó la puerta. La dueña, una vieja de unos setenta años que jugaba solitario detrás del mostrador, lo miró fijamente y pensó en su hijo muerto.

**B.** **¿Cuál es la diferencia de efecto entre las dos narraciones?**

_____

_____

_____

_____

_____

¿Notó usted que en el primer ejemplo el narrador es el protagonista? La narración se hace a través de (*through*) los ojos del personaje principal únicamente. En el segundo caso, el escritor conoce todos los detalles de la historia y nos los comunica. El narrador tiene la oportunidad de agregar comentarios y entrar objetivamente en sus personajes.

He aquí las partes básicas de una narración.

**la introducción**
la parte en la que el narrador comienza su historia

**el desarrollo**
la parte en la que el narrador construye su historia

**el clímax**
el momento más importante de la historia

y **el desenlace**
cómo termina la historia.

En «El enfrentamiento», la narradora introduce la historia al contarnos que debía ir a la escuela y que la atormentaba un niño gordo, pelirrojo y pecoso. El desarrollo nos explica cómo sucede el enfrentamiento. El clímax es el momento del golpe con la bolsa del almuerzo. El desenlace nos narra que el niño corre asustado y luego quiere convertirse en amigo de su antigua víctima.

El escritor puede seguir un orden cronológico para construir su obra o puede empezar por el final o en cualquier punto de la trama.

## PARA ESCRIBIR MEJOR

### *Cómo utilizar las expresiones de enlace*

**A.** **Lea la siguiente historia. Es un poco diferente porque el narrador no es humano.**

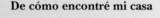

**De cómo encontré mi casa**

Era una mañana transparente del mes de julio. El sol quemaba y yo me aburría detrás de aquella valla° blanca. ¿Cómo escapar el ojo vigilante de la vieja? Primero me estiré, luego me rasqué°, después bostecé y de pronto, como caída del cielo, me llegó la inspiración: «¡escarba°!» Encontré un lugar donde la tierra estaba más blanda junto a unas begonias que acababan de regar°. ¡Qué gusto jugar en el barro°! La faena° me tomó más de una hora. Tenía que trabajar sin ser descubierto.

Al fin el hoyo° se hizo lo suficientemente grande y pude deslizarme° debajo del cerco°. ¡En verdad era bueno respirar el

fence
scratched

dig
water
mud / task

hole
slip / fence

aire de la libertad lleno de aromas misteriosos! Tuve que sacudirme° porque todavía tenía tierra pegada° al cuerpo. Empecé a dar pasos nerviosos por la carretera. Desde mi prisión a menudo había visto extrañas criaturas metálicas pasar a gran velociad, pero ahora me parecían más grandes y amenazantes°. Tendría que obrar con más cautela°.

*shake myself off/stuck*

*threatening*

*caution*

Corrí y salté° por más de dos horas. El campo era hermoso: altos árboles, flores, insectos, un millar de olores nuevos por descubrir. Me perdía siguiendo una abeja° y luego regresaba al sendero°. Casi se me había olvidado la comida (y eso que a mí me encanta la comida). Ya me empezaba a hacer falta la cocina y todo lo bueno que de seguro allí habría. Pero, ¿cómo regresar? No tenía la menor idea de dónde me encontraba.

*jumped*

*bee*

*path*

De repente, llegué a una bifurcación° del camino. Hice una pausa momentánea y doblé a la derecha. La primera casa que vi no me pareció muy hospitalaria°. Además había un gran perro que me ladró° furioso. La segunda tenía la puerta abierta, y un olor a comida me llegó a las narices°. Un humano se asomó° a la puerta y exclamó: «¡un cachorrito° perdido!» Entré rápidamente en la casa. Había que tomar decisiones rápidas. Adentro me encontré con otro humano. Tuve que hacerme el simpático. Le lamí° la mano y moví la cola°. Los humanos nunca se resisten a mis encantos.

*fork*

*hospitable*

*barked*

*nostrils / appeared/ puppy*

*licked / tail*

Los primeros días no fueron fáciles. Al principio querían deshacerse° de mí. Luego se les caló entre ceja y ceja° que debía dormir afuera. Me costó un poco que entraran en razón, pero lo logré°. Hoy descanso en la mullida° cama de uno de ellos, y aunque la comida no es siempre excelente, no me puedo quejar°. Me tratan bien, me sacan a correr y me obedecen la mayoría del tiempo.

*get rid of /Then they got it into their heads/ With some difficulty I got them to see the light / cushy / complain*

**B.** En el vocabulario de este capítulo usted estudió expresiones útiles que le podrían servir para establecer la relación entre varias etapas (*stages*) o sucesos (*events*) de una narración. Revise la siguiente lista.

| | | | | |
|---|---|---|---|---|
| al principio | después | entonces | luego | de fijo |
| de ordinario | usualmente | a menudo | de niño(a) | primero |
| al fin | por último | ahora | de repente | |
| de pronto | ya | además | finalmente | |

¿Cuántas de estas expresiones puede usted encontrar en «De cómo encontré mi casa?»

**C.** Use las siguientes oraciones y algunas de las palabras de la lista anterior para contar de nuevo lo que le pasó al perrito.

El perrito escarbó. Se escapó a la carretera. El cachorrito corrió por el campo. Encontró una casa que le pareció hospitalaria. Vive en una casa cómodamente.

_____

_____

_____

_____

_____

_____

_____

_____

**D.** Ahora, trabajando con otro(a) compañero(a), escriba una versión corta de la misma historia narrada por la señora de cuya casa se escapó el perrito o por los niños que lo hallaron ( *found* ) en la puerta de su casa. Use algunas de las expresiones del Ejercicio B.

_____

_____

_____

_____

_____

_____

_____

_____

_____

_____

_____

_____

_____

_____

_____

_____

_____

# ESTRUCTURAS EN ACCIÓN

## Preterite vs. imperfect tense

The tenses most frequently used in narrating past events in Spanish are the preterite and the imperfect.

The **preterite** describes a **completed** act: the writer views it as over and done with, and the reader or listener knows how it turned out. It may focus on either the beginning or the end of an action, but the action or event is seen as complete. The preterite moves the story or plot forward: it narrates what a character actually **did**, or it describes what actually **happened**. Reread "El enfrentamiento" on page 176, and observe how the preterite tense functions to advance the story line:

«...un día **decidí** no huir más».

«...**llegué** donde estaba el gordito».

«Me **propuse** ser valiente...»

«Él **tomó** una piedra...»

«...el brazo se le **paralizó**».

«...**empecé** a avanzar hacia él».

«...le **di** un golpe fuerte...»

«Se **fue** corriendo...»

Since the preterite indicates the completion of an act, certain verbs take on a different meaning in this tense.

|           | present                       | preterite                        |
| --------- | ----------------------------- | -------------------------------- |
| conocer   | to know (someone)             | met (someone)                    |
| poder     | to be able (can)              | could and did (succeeded)        |
| no poder  | not to be able                | wasn't able and didn't (failed)  |
| querer    | to want (feel like)           | wanted to and tried (but didn't) |
| no querer | not to want (not feel like)   | refused                          |
| saber     | to know                       | found out                        |
| tener     | to have                       | got, received                    |
| tener que | to have to (supposed to)      | had to and did                   |

The **imperfect** tense usually describes conditions, acts already in progress, habitual or ongoing activities, feelings, emotions, and mental or physical states. There is no reference to the beginning or the end of the action. These imperfect tense verbs frequently create the **background** in which the completed act (preterite tense verb) occurred. Therefore, focusing on their outcome is not essential to the advancement of the story line. Notice how the following imperfect tense verbs in "De cómo encontré mi casa" (pages 180–181) function as background information, setting the stage for the action:

«**Era** una mañana transparente...»

«El sol **quemaba** y yo me **aburría**...»

«...la tierra **estaba** más blanda...»

«...unas begonias que **acababan** de regar».

«**Tenía** que trabajar...»

«El campo **era** hermoso...»

## Formation of the preterite tense

1. To form the preterite tense of all regular verbs (and all -ar and -er stem-changing verbs), add the endings indicated to the infinitive stem.

| **contar:** | conté | **aparecer:** | aparecí | **escribir:** | escribí |
|---|---|---|---|---|---|
| | contaste | | apareciste | | escribiste |
| | contó | | apareció | | escribió |
| | contamos | | aparecimos | | escribimos |
| | contasteis | | aparecisteis | | escribisteis |
| | contaron | | aparecieron | | escribieron |

2. A few regular verbs have a spelling change.

   a. verbs that end in -car, -gar, and -zar change in the yo form:

   **g → gu**    **c → qu**    **z → c**
   llegar: llegué   tocar: toqué   empezar: empecé

   b. an unstressed -i- between two vowels becomes -y-:

   **creer:** creyó creyeron
   **leer:** leyó leyeron
   **oír:** oyó oyeron

3. The commonly used verbs dar, hacer, ir, and ser are irregular in the preterite. Ir and ser share the same preterite form.

| **dar:** | di | **hacer:** | hice | **ir / ser:** | fui |
|---|---|---|---|---|---|
| | diste | | hiciste | | fuiste |
| | dio | | hizo | | fue |
| | dimos | | hicimos | | fuimos |
| | disteis | | hicisteis | | fuisteis |
| | dieron | | hicieron | | fueron |

**4.** The following verbs have irregular stems in the preterite. They are conjugated like *estar*. Note that the first- and third-person singular endings are not stressed.

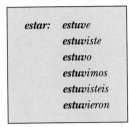

| *estar:* | *estuve* |
|---|---|
| | *estuviste* |
| | *estuvo* |
| | *estuvimos* |
| | *estuvisteis* |
| | *estuvieron* |

| | | | |
|---|---|---|---|
| *andar* | **anduve** | *querer* | **quise** |
| *estar* | **estuve** | *saber* | **supe** |
| *haber* | **hube** | *tener* | **tuve** |
| *poder* | **pude** | *venir* | **vine** |
| *poner* | **puse** | | |

**5.** A few verbs have a characteristic *j* in the preterite stem. They are conjugated like *decir*.

| *decir:* | *dije* |
|---|---|
| | *dijiste* |
| | *dijo* |
| | *dijimos* |
| | *dijisteis* |
| | *dijeron* |

| | | | | | |
|---|---|---|---|---|---|
| *conducir* | **conduje** | *traducir* | **traduje** | *traer* | **traje** |

Note that most verbs that end in *-ucir* (*introducir, producir, reducir,* etc.) follow the same pattern as *conducir* and *traducir*.

**6.** Remember that *-ar* and *-er* stem-changing verbs do **not** change in the preterite. However, *-ir* stem-changing verbs change $e \rightarrow i$ and $o \rightarrow u$ in the third-person singular and plural.

| *divertir:* | *divertí* | *dormir:* | *dormí* | *sentir:* | *sentí* |
|---|---|---|---|---|---|
| | *divertiste* | | *dormiste* | | *sentiste* |
| | *divirtió* | | *durmió* | | *sintió* |
| | *divertimos* | | *dormimos* | | *sentimos* |
| | *divertisteis* | | *dormisteis* | | *sentisteis* |
| | *divirtieron* | | *durmieron* | | *sintieron* |

## *Formation of the imperfect tense*

**1.** All *-ar* verbs form their imperfect tense by adding *-aba* endings to the stem.

| | | | |
|---|---|---|---|
| **contar:** | *contaba* | **narrar:** | *narraba* |
| | *contabas* | | *narrabas* |
| | *contaba* | | *narraba* |
| | *contábamos* | | *narrábamos* |
| | *contabais* | | *narrabais* |
| | *contaban* | | *narraban* |

**2.** All *-er* and *-ir* verbs, except *ir, ser,* and *ver,* form their imperfect by adding *-ía* endings to the stem.

| | | | |
|---|---|---|---|
| **volver:** | *volvía* | **decir:** | *decía* |
| | *volvías* | | *decías* |
| | *volvía* | | *decía* |
| | *volvíamos* | | *decíamos* |
| | *volvíais* | | *decíais* |
| | *volvían* | | *decían* |

**3.** Only *ir, ser,* and *ver* are irregular in the imperfect.

| | | | | | |
|---|---|---|---|---|---|
| **ir:** | *iba* | **ser:** | *era* | **ver:** | *veía* |
| | *ibas* | | *eras* | | *veías* |
| | *iba* | | *era* | | *veía* |
| | *íbamos* | | *éramos* | | *veíamos* |
| | *ibais* | | *erais* | | *veíais* |
| | *iban* | | *eran* | | *veían* |

## *Summary of usage: preterite vs. imperfect*

Use the **preterite** tense for

- **an entire completed act.**
  (*Ayer comí un buen desayuno.*)

- **the beginning of a completed act.**
  (*Empecé a desayunar a las seis.*)

- **the end of a completed act.**
  (*Terminé de desayunar a las seis y quince.*)

- **a series of specific completed acts.**
  (*Ayer me desperté, me duché, me vestí, desayuné y salí de casa antes de las siete.*)

Use the **imperfect** tense for

- **ongoing past acts or background conditions that do not focus on the completion, beginning, or end.**
  (*Yo era muy joven en esos días. Hacía mucho frío. Sonaba el teléfono. Era de noche.*)

- **telling time in the past.**
  (*Eran las diez y media.*)

- **a customary or habitual past act.**
  *(Siempre caminaba a la escuela. De ordina-*
  *rio no desayunaba. Me llamabas todos los*
  *días.)*

- **descriptions of physical and mental con-**
  **ditions or states.**
  *(Me sentía muy mal. Era un chico gordo.*
  *Estaba nerviosa. No queríamos estudiar.)*

- *a series of repeated or habitual acts.*
  *(Los sábados siempre salíamos con nuestros*
  *amigos, cenábamos en un restaurante*
  *modesto y bailábamos hasta la madrugada.)*

The preterite and imperfect tenses often occur in the same sentence: the imperfect usually describes the ongoing background action or condition, and the preterite expresses the completed act.

*Examples:*   *Mientras los padres **dormían**, la hija **salió** de la casa.*
While the parents **were sleeping**, the daughter **left** the house.

***Tuve** que sacudirme porque todavía **tenía** tierra pegada al cuerpo.*
**I had** to shake myself off because **I** still **had** dirt stuck to my body.

***Mirábamos** la tele cuando alguien **llamó** a la puerta.*
**We were watching** TV when someone **knocked** at the door.

## Exercises

**A.**   The author of "El enfrentamiento" (page 176) uses imperfect tense verbs to narrate habitual or ongoing background acts and to describe conditions or feelings.
Find ten examples of this use of the imperfect in the story and write them on the
lines provided.

_____     _____

_____     _____

_____     _____

_____     _____

_____     _____

**B.**   In "De comó encontré mi casa" (pages 180–181), the writer advances the story line
by using preterite tense verbs to narrate completed actions. Find ten examples of
this use of the preterite in the fourth paragraph of the story and write them on the
lines provided.

_____     _____

_____     _____

_____   _____

_____   _____

_____   _____

**C.**   **Use the English sentences provided to narrate the following anecdote in Spanish. Use the preterite or imperfect tense as appropriate.**

It was a beautiful spring morning.

_____

Sheila, the most beautiful girl in the ninth grade, was sitting by the pool with the rest of my classmates.

_____

_____

_____

_____

I had to impress (*impresionar*) her.

_____

I got on (*subir a*) the diving board (*el trampolín*) and waited for the moment when Sheila and everybody else were watching.

_____

_____

_____

I dived (*zambullirse*) gracefully (*graciosamente*) and made a perfect entrance.

_____

_____

When I came out of the water Sheila and everybody else were laughing hysterically (*histéricamente*).

_____

_____

_____

At first, I didn't know what was going on (*suceder*). Then I turned (*volverse*) and saw my swimming trunks floating (*flotando*) in the middle of the pool.

_____

_____

_____

_____

## A LA PRUEBA

**A.**  Aquí tiene varios temas para una narración.

- La primera vez que salí con...
- Una anécdota de mi clase de...
- Cuando me compraron...
- Mi viaje a...
- Las travesuras (*mischievous antics*) de...(su perro, gato, etc.)

Escoja uno de los temas anteriores o invente uno si prefiere. Luego escriba unas breves notas sobre la estructura de su trabajo. También anote el vocabulario clave de la historia.

*Estructura*

**introducción**

_____

_____

_____

**desarrollo**

_____

_____

_____

_____

_____

**clímax**

_____

_____

_____

_____

**desenlace**

_____

_____

_____

_____

_____

**vocabulario**

_____

_____

_____

_____

Usted puede usar una hoja adicional para escribir su **borrador**. En el espacio siguiente escriba **la versión final**. Ponga especial atención a los usos del pretérito y el imperfecto.

_____

_____

_____

_____

_____

_____

_____

_____

_____

_____

_____

_____

_____

_____

_____

_____

_____

_____
_____
_____
_____
_____
_____
_____
_____
_____
_____
_____
_____
_____
_____
_____
_____
_____
_____
_____
_____

## Más allá

Discuta los siguientes temas con sus compañeros de clase. Luego escriba sus comentarios sobre uno de ellos. Ponga atención especial a los usos del pretérito y el imperfecto.

1. Muchos creen que los años más felices de nuestra existencia son los de la niñez. Piense en su propio caso y encuentre evidencia para justificar o refutar esa idea.

2. Otra creencia (*belief*) es que un adulto es un reflejo de la educación que recibe en la niñez y en la temprana adolescencia. Es decir, los hábitos y las costumbres en los primeros años de vida dejan una huella imborrable (*indelible mark*) en la personalidad del adulto. ¿Está usted de acuerdo con esta idea? ¿Podría mencionar ejemplos?

**Comentarios:**

# Dilemas ecológicos

Mexico City. Morning sun glimmers through a layer of smog.

# PARA HABLAR DEL TEMA

## Vocabulario esencial

Estudie las siguientes palabras y expresiones. Le pueden resultar útiles para entender el capítulo y describir el mundo que le rodea.

### sustantivos

| | |
|---|---|
| el acuífero | water table |
| el bosque | forest |
| la capa de ozono | ozone layer |
| los casquetes polares | polar ice caps |
| los combustibles fósiles | fossil fuels |
| la contaminación | pollution |
| la cuenca | river basin |
| el derrumbe | landslide |
| el efecto invernadero | greenhouse effect |
| el envenenamiento | poisoning |
| el hundimiento | sinking |
| el incendio forestal / la quema | forest fire |
| la inundación | flood |
| el islote | small barren island |
| la mancha urbana | urban sprawl |
| la margen | river bank |
| el medio ambiente | environment |
| el recalentamiento | overheating |
| la selva | jungle |
| la sequía | drought |
| el suelo | ground |
| el suministro | supply |

### verbos

| | |
|---|---|
| deforestar | to deforest |
| derretir (i, i) | to melt |
| deshelar (ie) | to thaw |
| erguir | to raise up straight |
| irradiar | to irradiate |

### adjetivos

| | |
|---|---|
| altanero(a) | arrogant, proud |
| anárquico(a) | anarchical, disorderly |
| hidrológico(a) | hydrologic, water-related |

**A.** Lea la siguiente selección.

## El agua y la Ciudad de México

**Tenochtitlán**

Cuando los aztecas decidieron construir su ciudad en el valle de México, sobre el islote de un lago en lugar de hacerlo en las márgenes de un río como otras civilizaciones, no imaginaron que seis siglos después México-Tenochtitlán se convertiría en la ciudad más grande y poblada del mundo. No predijeron° que a lo largo de su historia su ciudad habría de sufrir graves problemas con el agua, grandes inundaciones y hundimiento del suelo.

 Tampoco pensaron que contruir su ciudad a más de dos mil doscientos metros sobre el nivel del mar°, en un llano° rodeado por° lagos y montañas, dificultaría siempre el suministro de agua a sus habitantes. Les fue imposible anticipar que la sobrexplotación del acuífero, el crecimiento anárquico y explosivo de la mancha urbana y la acelerada destrucción de los bosques que rodean a la ciudad agravaría el problema.

 Los fundadores de la Ciudad de México no habrían creído que a principios del siglo XXI todos esos problemas, junto con el envenenamiento del aire, llevarían al valle de México a una crisis ecológica. La realización de un plan único e integral para restablecer el equilibrio hidrológico y el ecosistema de la cuenca de México es hoy una necesidad imperante°.

*predicted*

*sea level /
plain /
surrounded by*

*compelling*

**B.**   **Conteste las siguientes preguntas con base en la lectura del Ejercicio A.**

 **1.**   ¿Dónde construyeron los aztecas su ciudad capital?

_____

_____

2. Mencione dos problemas que los fundadores de la Ciudad de México no anticiparon.

_____

_____

3. ¿A qué altura está la Ciudad de México?

_____

_____

4. ¿Cuál es otra ciudad que tiene problemas ecológicos debido a su posición geográfica? Enumere algunos de esos problemas.

_____

_____

**C.**  Ahora haga una lista de las palabras del Ejercicio A que usted no conocía. Añada otros vocablos que le podrían ser útiles para hablar de los problemas ecológicos. Si es necesario, busque esos términos en su diccionario

_____ _____ _____

_____ _____ _____

_____ _____ _____

_____ _____ _____

_____ _____ _____

_____ _____ _____

_____ _____ _____

_____ _____ _____

## ANÁLISIS DE LA DESCRIPCIÓN

El ojo capta la imagen y nuestro cerebro (*brain*) la interpreta. Ésta es una función rutinaria. El poder verbalizar esas sensaciones visuales, sin embargo, requiere habilidades que sólo se adquieren a través de mucha práctica. Usted experimentará en esta sección con diferentes tipos de descripciones.

Los conocimientos que usted adquiera le pueden ayudar en trabajos técnicos o científicos, si usted se interesa en la ciencia; en la elaboración de biografías y otros escritos para sus cursos de español, si su inclinación es más literaria.

Cuando el autor describe, debe esforzarse (*to strive*) por proveer la información necesaria de tal modo que el lector pueda hacer una reconstrucción mental del objeto, persona o lugar descrito. La descripción ha de variar también de acuerdo con (*according to*) el objetivo que se persiga (*pursues*). Un científico que describe una flor nos dará una versión bastante diferente de la que nos pueda ofrecer un poeta, por ejemplo.

Raramente se encuentra una descripción pura. A menudo es necesario mezclarla (*to mix it*) un poco con la narración. La siguiente es una descripción de un hombre, su medio ambiente y los sentimientos de tristeza que le llenan al amanecer (*upon the dawning*) de su último día en su tierra.

### La tierra expropiada°

**expropriated**

El sol apareció sobre las montañas y una figura se recortó° contra la penumbra° del amanecer. El hombre estiró° los brazos desnudos y fuertes para sacudir los últimos recuerdos. Sus pies descalzos° se hundieron en la tierra húmeda que rodeaba su choza°. Sentados junto a él estaban su mujer y cuatro hijos. Sólo el olor a humo y a café quedaban del último desayuno en la finca°. El gobierno quería su tierra para la nueva autopista° transoceánica que traería el progreso y la civilización a su verde tierra tropical. Al principio no le puso atención a la carta con muchos sellos° oficiales que recibió; después se negó° a creer que ya no era dueño° de la tierra que habían labrado° él, sus hijos, sus padres, sus abuelos y sus bisabuelos. Por fin cuando la policía armada llegó a obligarlo a salir, se resignó.

El sol cubría de oro ya todo el campo. El hombre se puso el sombrero, alzó° el saco con sus pertenencias° e inclinó la cabeza hacia un lado para indicarles a su mujer e hijos que lo siguieran. No quería tener que volver a ver la choza. Lágrimas° invisibles brotaron° de sus ojos varoniles°. Sintió un nudo° en la garganta. A lo lejos cantó un gallo°.

*Glosas marginales:*
- was outlined
- semidarkness / stretched
- shoeless
- hut
- farm
- freeway
- stamps /refused
- owner / worked, tilled
- picked up / belongings
- Tears / gushed manly / lump/ rooster

**A.** ¿Qué palabras se usan para describir al hombre? Copie algunas en el espacio a continuación.

_____

_____

_____

**B.** ¿Qué palabras establecen la descripción del paisaje y los alredededores (*surroundings*) del hombre? Copie algunas en el espacio a continuación.

_____

_____

_____

**C.** Ahora, lea la siguiente descripción corta y conteste las preguntas que la siguen.

### La selva

Sobre la tierra sólo quedan troncos calcinados° que se levantan como testigos mudos° de la destrucción. La selva que se erguía altanera e impenetrable se ha visto reducida a ceniza° y silencio. En su lugar aparecerán pastizales° para que coma el ganado°, que a su vez deberá ser sacrificado para que comamos hamburguesas. La selva que nos dio la quinina°, el caucho° y que sin duda encierra° todavía la cura a muchos de nuestros padecimientos°, se quema, se asfixia lentamente.

°burned to ash
°mute witnesses
°ash
°pasture lands / cattle
°quinine / rubber / holds/ suffering

1. Según la descripción, ¿qué está sucediendo en la selva?

_____

_____

_____

2. ¿Qué tipo de palabras (adjetivos, sustantivos, verbos, adverbios, preposiciones, etc.) juegan un papel (*role*) importante en las dos descripciones anteriores? Justifique su respuesta.

_____

_____

_____

_____

_____

_____

_____

_____

_____

_____

_____

## PARA ESCRIBIR MEJOR

### *Cómo plantear una solución*

**A.** Lea el siguiente artículo.

### Calor que empobrece°

°impoverishes

Hace un año en la región alpina fue encontrado el «hombre de los hielos»: un cadáver de la Edad de Piedra que yacía° en un glaciar

°lay buried

tirolés°, cerca de la frontera° austro-italiana y que había permanecido oculto durante miles de años.

El hallazgo°, sin embargo, no fue un golpe de suerte pues «el hielo eterno de los Alpes» ha perdido desde 1850 la mitad de su volumen y hasta el 40 por ciento de su superficie, debido al recalentamiento de la Tierra.

Aunque parezca distante, el avance industrial es la principal causa de este fenómeno, pues juega un papel muy importante en el aumento de la temperatura del planeta, conocido como el efecto invernadero.

La quema de los combustibles fósiles, la deforestación y el uso de aerosoles hacen que gases como el dióxido de carbono se acumulen en la atmósfera e impidan la salida hacia el espacio exterior de la tempe-ratura que irradia el planeta.

**Tyrolean/border**

**discovery**

**B.**  **Trabaje con un(a) compañero(a). Escojan una de las causas del efecto invernadero. Luego agreguen vocabulario pertinente y finalmente describan la causa.**

causa _____

vocabulario _____

_____

_____

descripción _____

_____

_____

_____

_____

_____

**C.**  **Describan ustedes ahora su solución al problema que elijieron en el Ejercicio B.**

_____

_____

_____

_____

_____

_____

_____

_____

## ESTRUCTURAS EN ACCIÓN

### *Position of adjectives*

Adjective position is very important when writing descriptions in Spanish. Unlike English adjectives, which are almost always placed before the noun, Spanish adjectives may either precede or follow the noun. The following guidelines will help you to position adjectives correctly.

### *After the noun*

The great majority of adjectives in Spanish follow the noun. These "descriptive" adjectives point out or describe a quality or characteristic of the noun: they restrict, clarify, and specify. Consider, for example, the general noun *problemas*. By adding the adjective *ecológicos* you can create a subgroup: ecological problems. You can create an even more restrictive subgroup by adding the adjective *mundiales*: *problemas ecológicos mundiales* (worldwide ecological problems).

The following categories of adjectives are used to distinguish the nouns they modify, and therefore they normally are placed after the noun.

---

**1.** adjectives that indicate nationality, religion, position, or affiliation

   *Examples:*   *la selva guatemalteca*
                    *un sacerdote católico*
                    *el partido demócrata*
                    *una familia aristocrática*

**2.** adjectives that express color, form, material, or condition

   *Examples:*   *una tierra negra*
                    *un edificio pentagonal*
                    *los utensilios plásticos*
                    *una descripción clara*

**3.** adjectives that express technical or scientific concepts

   *Examples:*   *un ataque cardíaco*
                    *un trabajo ecológico*
                    *un viaje espacial*

**4.** adjectives that are modified by adverbs

   *Examples:*   *el río más grande*
                    *el lugar más conocido*
                    *un problema muy difícil*

---

### *Before the noun*

Adjectives are placed before the noun for either grammatical or semantic reasons. Spanish grammar requires that the following kinds of adjectives precede the noun.

1. possessive and demonstrative adjectives

   *Examples:*   *tu país*
   *esta descripción*
   *aquellos tiempos*

2. ordinal numerals

   *Examples:*   *la primera vez*
   *el segundo lago*

3. numerical, indefinite, and quantitative adjectives

   *Examples:*   *dos ciudades*
   *algunas personas*
   *varias opiniones*
   *otros conflictos*
   *muchos derrumbes*

Sometimes adjectives are placed before the noun in order to express certain meanings.

1. Adjectives that emphasize an **inherent** quality or characteristic—a quality one normally expects to find in the noun—are placed before the noun. These adjectives do not limit the noun, nor do they add any new characteristics.

   *Examples:*   *la blanca nieve*
   (There is no other color of snow except white.)
   *el candente sol del desierto del Sahara*
   (One expects the sun in the Sahara to be red hot.)

2. Placing the adjective before the noun sometimes serves to make the characteristic or quality stand out. This effect is accomplished in spoken English by changing the intonation of the voice. Compare:

   *Examples:*   *un buen ecólogo*
   (There is no comparison with other ecologists implied; the point is to make the quality **good** stand out.)
   *un ecólogo bueno*
   (One can assume that there are other ecologists who are **not** good.)

3. When the adjective describes a quality or characteristic of a **unique** noun, the adjective must be placed before the noun.

   *Examples:*   *la verde selva amazónica*
   *la alta cordillera de los Andes*

To place the adjective *verde* after the noun phrase *selva amazónica* would imply that there are several Amazon jungles and that not all are green. Likewise, we know that there is only one chain of mountains called the Andes, and that these mountains are very high. Thus the adjective must precede the noun phrase *cordillera de los Andes*.

## Adjectives that change meaning according to their position

The following adjectives change their meaning depending on whether they precede or follow the noun.

| adjective | before the noun | after the noun |
|---|---|---|
| *alguno* | some | any at all (emphatic in negative sentences) |
| | *Tiene algunas ideas.* (He has some ideas.) | *No tiene idea alguna.* (He has no idea whatsoever.) |
| *alto* | important, high | tall |
| | *Es un alto funcionario.* (He's an important official.) | *Es un funcionario alto.* (He's a tall official.) |
| *cierto* | certain | true |
| | *Tiene un cierto encanto.* (He has a certain charm.) | *Es una historia cierta.* (It is a true story.) |
| *diferente* | various (plural) | different |
| | *Habla de diferentes temas.* (He talks about various topics.) | *Es un tema diferente.* (It's a different topic.) |
| *ese* | that | (adds a pejorative connotation) |
| | *Ese hombre nos llamó.* (That man called us.) | *El hombre ese nos llamó.* (That man called us.) |
| *grande* | famous | big |
| | *Fue una gran mujer.* (She was a great woman.) | *Fue una mujer grande.* (She was a big / tall woman.) |
| *mismo* | same | self |
| | *Hizo el mismo estudio.* (He carried out the same investigation.) | *Él mismo lo hizo.* (He himself did it.) |
| *nuevo* | different | brand-new |
| | *Es un nuevo coche.* (It's a different car.) (It could be a used car I just bought.) | *Es un coche nuevo.* (It's a brand-new car.) |

| | | |
|---|---|---|
| *pobre* | unfortunate | poor (penniless) |
| | *El pobre niño se perdió.*<br>(The unfortunate child got lost.) | *Es un niño pobre.*<br>(He's a poor child.)  (He has no money.) |
| *semejante* | such a | similar |
| | *No puedo creer semejante historia.*<br>(I can't believe such a story.) | *Su sistema es semejante al mío.*<br>(His system is similar to mine.) |
| *simple* | mere | easy, simpleminded |
| | *Es un simple empleado.*<br>(He's a mere employee.) | *Es un problema simple.*<br>(It's an easy problem.) |
| *triste* | unimportant | sad |
| | *Es un triste burócrata.*<br>(He's an unimportant bureaucrat.) | *Es un burócrata triste.*<br>(He's a sad bureaucrat.) |
| *único* | only | unique |
| | *Es mi única solución.*<br>(It's my only solution.) | *Es una solución única.*<br>(It's a unique solution.) |
| *varios* | several | miscellaneous |
| | *Compré varias revistas.*<br>(I bought several magazines.) | *Discutimos asuntos varios.*<br>(We dicussed miscellaneous topics.) |
| *viejo* | dear (referring to persons) | old |
| | *Es una vieja amiga.*<br>(She's a dear friend.) | *Es una mujer vieja.*<br>(She's an old woman.) |

## Position of two or more adjectives

When two or more adjectives modify a single noun, the following rules determine the position of the adjectives.

**1.** If both adjectives are descriptive, they follow the noun. The more restrictive adjective comes before the less restrictive.

Examples:     *Analiza la política española **contemporánea.***
(He's analyzing Spanish politics, focusing on **contemporary** politics.)

*Analiza la política contemporánea **española.***
(He's analyzing contemporary world politics, focusing on **Spanish** politics.)

**2.** One adjective can precede the noun and the other can follow it. The adjective that denotes a subjective evaluation comes before the noun; the more restrictive and informative adjective follows the noun.

*Examples:*   la **fantástica** selva **amazónica**
el **gran** pintor **argentino**
la **exquisita** poesía **romántica** española

**3.** Adjectives that are equivalent in function are joined by a conjunction or a comma.

*Examples:*   un informe **largo** y **aburrido**
(Both adjectives emphasize the boring aspect of the report).

una panameña **alta, atlética** y **entusiasta**
(All three adjectives describe.)

## Exercises

**A.**   **Position the following adjectives correctly, use a conjunction or comma where necessary, and then explain or justify your choice. In some cases there is more than one correct possibility. Follow the example.**

*Example:*   las aguas árticas frías
*las frías aguas árticas*
Explanation: *"Frías" is an intrinsic quality of the waters of the Arctic; "árticas" is descriptive and limiting (or restrictive).*

**1.**   la guerra sangrienta española civil

_____

Explanation:_____

_____

_____

_____

**2.**   grandes cinco ecológicos dilemas

_____

Explanation:_____

_____

_____

_____

**3.**   la argentina cosmopolita capital

_____

Explanation: _____

_____

_____

_____

**4.**  tierra aquella calcinada y estéril

_____

Explanation: _____

_____

_____

_____

**5.**  las andinas montañas altas

_____

Explanation: _____

_____

_____

_____

**6.**  el tratado más simple ecológico

_____

Explanation: _____

_____

_____

_____

**B.**  **Express the following phrases in Spanish.**

**1.**  two old Inca temples

_____

**2.**  a poor (unfortunate) man lost in the big city

_____

**3.**  various important details

_____

**4.**  an interesting Bolivian university professor

_____

5. young Chilean scientists

_____

6. a very important contribution

_____

7. a famous Argentine painter

_____

8. my old (dear) friend

_____

9. the clear waters of the Caribbean

_____

10. the eternal ice of the Alps

_____

## A LA PRUEBA

A. **Lea la descripción de la ciudad de Los Ángeles, California.**

**Los Ángeles**

La gran urbe° de acero°, concreto y asfalto se levanta del Océano
Pacífico y avanza devorando kilómetro tras kilómetro hasta perderse en
el desierto californiano. Cientos de calles se encuentran con autopistas
para formar un cerrado laberinto por donde transitan día y noche una
multitud de vehículos siempre hambrientos° de combustible, por
donde corre una población siempre en marcha, siempre creciente. La
colina° de ayer adornada de palmas es hoy la nueva urba-nización°, el
nuevo supermercado, el nuevo centro comercial. El campo se encoge° y
la ciudad se ensancha°. «¿Hasta cuándo podrá la Madre Tierra soportar
tanto abuso?»— me pregunto mientras corro a setenta millas por hora
hacia mi destino.

Los Ángeles es un mosaico de toda nacionalidad, raza y lenguaje
humano. Es el prototipo de la ciudad del siglo XXI donde el coreano°
vive junto al mexicano y al chino. El árabe es vecino del afroamericano,
el australiano y el chileno. El anglosajón trabaja con el hebreo y el tai-
landés con el vietnamita. Es el escenario donde la violencia y la miseri-
cordia°, el amor y el odio, la venganza° y la comprensión, la vida y la
muerte se cruzan todos los días.

*metropolis / steel*

*hungry*

*hill / real-estate development shrinks / expands*

*Korean*

*compassion / vengeance*

**B.   Conteste las siguientes preguntas sobre el texto.**

1.   ¿Qué describe el primer párrafo?

_____

_____

_____

2.   ¿Qué se describe en el segundo párrafo?

_____

_____

_____

**C.   Escoja usted ahora un pueblo o ciudad que usted conozca bien.**

1.   Escriba en las siguientes líneas algunas palabras que describan la apariencia
física del lugar.

_____

_____

_____

_____

_____

2. En el espacio a continuación anote algunas palabras que describan aspectos interesantes del lugar. Usted podría mencionar, por ejemplo, puntos de interés turístico, costumbres famosas, población, etc.

_____

_____

_____

_____

_____

_____

_____

_____

3. Usando las ideas de las líneas anteriores, escriba la descripción completa del pueblo o ciudad que usted seleccionó.

_____

_____

_____

_____

_____

_____

_____

_____

_____

_____

_____

_____

**D.** Ahora le toca a usted describir una persona. Escoja usted a alguien que usted admira o que ha influido en su vida. En una hoja adicional, haga una descripción breve de las características físicas o psicológicas de esa persona.

## *Más allá*

Discuta los siguientes temas con sus compañeros de clase. Luego escriba sus comentarios sobre uno de ellos.

1.  Los países industrializados quieren prohibirles a los países en desarrollo que exploten sus selvas tropicales, ya que éstas son una de las principales fuentes del oxígeno para nuestro planeta. Describa usted la posición de los países en desarrollo.

2.  Algunos grupos que defienden la naturaleza promueven (*advocate*) la desobediencia de la ley para proteger el medio ambiente. Describa usted las razones que dan estos ciudadanos.

3.  Describa usted las responsabilidades del gobierno, la industria y los ciudadanos para proteger nuestro planeta.

# Comentarios:

# El reportaje a su alcance

**11**

## Objectives

**Upon completion of this chapter you should be able to**

- write a summary,
- utilize appropriate vocabulary to report and write about current events,
- use *ser* and *estar* effectively.

**News kiosk, Las Ramblas. Barcelona, Spain.**

## PARA HABLAR DEL TEMA

### Vocabulario esencial

Estudie las siguientes palabras y expresiones. Le pueden resultar útiles para entender el capítulo, y para escribir o hablar sobre reportajes.

*sustantivos*

| | |
|---|---|
| el acontecimiento | *happening, event* |
| la bolsa | *stock exchange, stock market* |
| el chisme | *gossip, piece of gossip* |
| el diario | *daily newspaper, journal* |
| el encabezamiento | *heading, title, caption, headline* |
| la fuente | *source* |
| el (la) gobernante | *person in charge, head* |
| el informe | *report* |
| los medios de comunicación | *the media* |
| el mercado de valores | *stock market* |
| el noticiario | *newscast, broadcast* |
| el noticiero | *newscast, broadcast* |
| el (la) periodista | *journalist* |
| la polémica | *controversy, polemic* |
| la política | *policy, politics* |
| la prensa | *the press, newspapers* |
| el reportaje | *reporting* |
| el (la) reportero(a) | *reporter* |
| el resumen | *summary* |
| la revista | *magazine, journal, review* |
| el semanario | *weekly publication* |
| el titular | *headline* |

*verbos*

| | |
|---|---|
| contar (ue) | *to tell, relate* |
| encabezar | *to head, lead, put a heading or title to* |
| entrevistar | *to interview* |
| suceder | *to happen, occur* |

**A.** Lea el siguiente reportaje.

### Edel Valdivia: «Hoy por ti, mañana por mí»

Edelmira Valdivia, enfermera graduada, cuenta cómo dio comienzo su carrera como voluntaria de la Cruz Roja Americana. Nos dice: «Tomé los cursos de la Cruz Roja para renovar la licencia de enfermera y desde entonces me interesé en la asociación. Ahora ayudo en las ferias de salud, en los procesos de inmunización y en los servicios en caso de catástrofe».

Edel, como le gusta que la llamen, siempre tuvo un espíritu aventurero. Llegó a los Estados Unidos después de responder a un anuncio en un diario peruano que reclutaba° enfermeras graduadas para trabajar en un hospital americano. Más de veinte años después, ya jubilada°, Edel pasa la mayor parte de su tiempo escribiendo poesía, cantando, viajando o colaborando con la Cruz Roja en la ciudad de Los Ángeles.

Al preguntarle sobre su pasión por el servicio voluntario respondió: «Nada llena mis necesidades espirituales mejor que el saber que estoy socorriendo° a otro ser humano que sufre». Durante su experiencia como voluntaria, Edel ha tenido la oportunidad de aliviar las penas de los damnificados° de varias catástrofes. Sirvió durante el terremoto° de Whittier en California y últimamente ha socorrido° a los que sufrieron los estragos° del huracán Andrew.

Edel explica que los momentos más conmovedores° de su carrera han ocurrido durante los desastres. Afirma que ser voluntaria «implica compartir el sufrimiento de los que han perdido todo». Entre sus muchas anécdotas narra de una joven voluntaria que se lastimó° cuando trabajaba con ella. Le correspondió a Edel atenderla y enviarla al hospital. Regresó en unos cuantos días la joven y le pidió a Edel que le escribiera en su gorro° para guardarlo como recuerdo. El hecho conmovió a Edel, quien le escribió un poema a la joven voluntaria.

*was recruiting*

*retired*

*helping*

*hurt*
*earthquake*
*aided /*
*devastation*

*moving*

*was injured*

*cap*

> Cuando se le pide otra vez que resuma las razones que la hacen donar su valioso tiempo a la Cruz Roja, responde sinceramente: «Es una forma de mantenerme activa y al mismo tiempo tener la satisfacción de hacer algo por los otros».

**B.**  **Conteste las siguientes preguntas sobre el reportaje anterior.**

1.  ¿Cómo descubrió Edel el grupo voluntario de la Cruz Roja?

    _____

    _____

2.  ¿Qué tipo de servicios presta (*renders*) Edel como voluntaria?

    _____

    _____

3.  ¿Cómo llegó Edel a los Estados Unidos?

    _____

    _____

4.  ¿Qué anécdota narra Edel?

    _____

    _____

5.  ¿Qué fuerzas llevan a Edel a servir como voluntaria?

    _____

    _____

**C.**  **Ahora haga una lista de las palabras del Ejercicio A que usted no conocía. Añada también otros vocablos que le podrían ser útiles para hablar de las noticias. Si es necesario, busque esos términos en su diccionario.**

_____  _____  _____

_____  _____  _____

_____  _____  _____

_____  _____  _____

_____  _____  _____

_____  _____  _____

_____  _____  _____

# ANÁLISIS DEL RESUMEN

Un resumen es la condensación de los puntos esenciales en un discurso o escrito. En la mayoría de los casos se trata de (*it's a matter of*) expresar en forma sucinta el contenido de un artículo, un informe o un libro. Por ejemplo, el artículo sobre Edel Valdivia es un resumen de su carrera como voluntaria de la Cruz Roja Americana. Incluye información sobre cómo llegó a su trabajo, sus actitudes hacia el servicio que presta y algunas experiencias que ella ha tenido con desastres naturales.

Cuando tomamos notas en una clase o cuando subrayamos (*we underline*) ciertas líneas de un texto para estudiarlas con más atención luego, estamos también elaborando un resumen. En muchas ocasiones tendrá usted que resumir el contenido de un libro, de un artículo o informe, o quizá necesite escribir un resumen para un artículo que usted u otra persona ha preparado. Así pues, los conocimientos que usted adquiera en este capítulo le serán útiles en muchas formas.

## Elaboración de un resumen

Un procedimiento sistemático reduce en gran parte las dificultades de elaborar un resumen. Los siguientes pasos le ayudarán en su labor.

1. Comience por examinar con cuidado el artículo, capítulo o informe con el que va a trabajar. Ponga especial atención al título y a los subtítulos y los encabezamientos y cierres (*endings*) de párrafo. Estas secciones proveen claves (*keys*) esenciales para descubrir el mensaje central.

2. Lea varias veces el trabajo que va a resumir hasta que usted haya comprendido el significado del texto y su organización. Si hubiera vocablos difíciles, búsquelos en su diccionario.

3. Busque y subraye la oración tópica de cada párrafo. Si no hay una oración tópica, escriba una que resuma la idea central.

4. Busque ahora las ideas que sustentan (*support*) las oraciones tópicas. Cópielas o subráyelas si usted las considera importantes, pero evite (*avoid*) los detalles superfluos. No se preocupe de su estilo; éste es tan sólo un borrador.

5. Ésta es la etapa de refinamiento y condensación. Una (*Join*) las ideas y simplifique la estructura. Compare su trabajo con el original para cerciorarse (*make sure*) de no haber omitido ningún aspecto importante. Corrija la gramática, la puntuación y la ortografía.

6. Para terminar, dele un título al resumen y explique la fuente (*source*) del mismo. La siguiente es una forma de dar crédito al autor:
   Resumido de (nombre del original) por (nombre del autor),(libro o revista) (mes, año), (páginas).

   *Ejemplo:*   Resumido de «Más cerca de Cristina Saralegui» por Diana Montané, *Más* ( julio-agosto 1991), ps. 43–50.

## *Modelo de la elaboración de un resumen*

Lea el siguiente reportaje y luego observe los pasos usados en la elaboración de un resumen del contenido.

**Más cerca de Cristina Saralegui**

*"Como latinos tendemos a hacer como el avestruz, meter la cabeza bajo tierra y decir: 'Esa no es la realidad, en mi época estas cosas no se hablaban"*

Cristina tiene el único show diurno° en la televisión hispana con su propio nombre, como lo tienen Oprah, Geraldo y Sally Jessy Raphael en la televisión norteamericana. Al igual que ellos recurre° a la astucia° y a su espontaneidad como anfitriona°, así como a su legendaria habilidad para hacer «confesar» al tímido o al agresivo.

    ¿Cómo lo consigue? ¿Cuál es el secreto de Cristina que no sólo trata° los tópicos prohibidos sino que descubre los secretos más ocultos° de los miembros del panel y de la audiencia, haciendo que el televidente° a su vez se cuestione, o hasta se incomode° en su propia casa?

    Ella misma tiene las respuestas: no podemos dejar de ver su programa porque éste es a la vez producto y radar de nuestra cultura. «No creo que la razón por la que el programa es tan exitoso° sea solamente el que se traten temas controversiales», nos asegura° en la sala de su casa en Miami.

    De inmediato se destaca° su personalidad: su autoridad como reportera, la confianza analítica que pone en sus conclusiones, y sobre todo, esa forma de hablar y el ritmo que lleva cada frase a un final explosivo.

    «Sí, tenemos temas de sexo, pero están hechos de tal manera que no se discuten gráficamente. Además están hechos con la intención de **in-for-mar**, no para vender o explotar y así obtener buena publicidad».

    Saralegui fue la directora de la revista *Cosmopólitan en español* en los años setenta, y esto explica en mucho su estilo y la clase de temas que desarrolla en su ya famoso programa.

*daytime*

*she resorts to / astuteness*
*hostess*

*deals with/ hidden*
*viewer / becomes uncomfortable*

*successful*
*she assures us*

*stands out*

**A.**   **Siga ahora los pasos para la elaboración de un resumen.**

### Paso 1

**1.**  ¿Qué le sugiere el título? ¿De qué se trata el reportaje?

_____

_____

### Paso 2

**2.**  Relea la información sobre Cristina y ponga atención al vocabulario y la estructura de los párrafos. Escriba aquí las palabras que no reconoce.

_____  _____  _____

_____  _____  _____

_____  _____  _____

_____  _____  _____

_____  _____  _____

*Paso 3*

3.  Subraye la oración tópica de cada párrafo en la página 217. Luego cópielas
    aquí. Si el párrafo no tiene una oración tópica, invente una que resuma la idea
    central del párrafo.

**párrafo 1**

_____

_____

**párrafo 2**

_____

_____

**párrafo 3**

_____

_____

**párrafo 4**

_____

_____

**párrafo 5**

_____

_____

**párrafo 6**

_____

_____

*Paso 4*

4.  Ahora escriba un borrador de su resumen uniendo las ideas expresadas en las
    seis oraciones tópicas.

_____

_____

_____

_____

_____

_____

_____

_____

_____

_____

_____

_____

_____

_____

_____

_____

_____

_____

## PARA ESCRIBIR MEJOR

· · · · · · · · · · · · · · · · · · · · · · · · · · · · · · · · · · · · · · · · · · · · · · · · · · · · ·

### *Cómo organizar los sucesos (events) en orden cronológico*

**A.**   **Lea las siguientes noticias del mundo hispano.**

SAN JOSÉ.—El presidente de Costa Rica viajó a Colombia en una
visita oficial. Se entrevistó con su homólogo° y discutió asuntos     **counterpart**
comerciales y de colaboración bilateral. Ambos mandatarios°           **leaders**
analizaron la situación de Centroamérica. El gobernante costarricense partió° acompañado de su esposa y del Ministro de               **left**
Comercio Exterior.

MADRID.—El tren de alta velocidad (TAV) alcanzó los trescien-
tos kilómetros por hora en un viaje de prueba. Tardó° cincuenta y     **It took**
cinco minutos en recorrer la distancia Madrid-Ciudad Real. Salió
de la estación de Atocha al mediodía y llegó a la capital man-
chega° a la una menos cinco de la tarde.                              **of La Mancha**

MANAGUA.—La directora del semanario «Gente» se vio involu-
crada° en un grave accidente de tránsito y se encuentra bajo aten-    **involved**

ción médica. El vehículo en que viajaba la periodista fue embesti-
do° por un camión en la Autopista Sur. La policía recogió a la          **struck**
accidentada y la llevó al Hospital Calderón.

**B.**  **Haga una lista, en orden cronológico, de los sucesos del accidente en Managua.**

_____

_____

_____

_____

**C.**  **Usando como modelos las noticias del Ejercicio A, escriba usted un reporte sobre un suceso mundial, nacional o local.**

_____

_____

_____

_____

_____

_____

_____

_____

_____

_____

# ESTRUCTURAS EN ACCIÓN

## Ser and estar

_Ser_ and _estar_ are the most common equivalents of the English **to be**. In some cases **only** _ser_ may be used; other cases **require** _estar_. With most adjectives, on the other hand, the writer must make a choice between the two verbs.

### Summary of ser vs. estar

**You should use _ser_**

- to identify persons, places, or things.
  (_Cristina es reportera. Santo Domingo es la capital._ El Excélsior _es un periódico mexicano._)

**You should use _estar_**

- to indicate location of persons, places or things.
  (_La joyería está en la calle Independencia. Los invitados estuvieron en el hotel._)

- to indicate nationality or origin.
  (*Edel es peruana; es de Perú.*)

- to tell time.
  (*Eran las tres y media.*)

- to express days or dates.
  (*Es domingo. Es el tres de junio.*)

- to indicate material.
  (*La casa es de madera. La pistola es de plástico.*)

- to indicate possession.
  (*La joyería es de la Sra. Jarquín. El gorro es de la enfermera.*)

- to tell the location or time of an event or activity.
  (*La reunión es a las nueve; es en el gran salón.*)

- in most impersonal expressions.
  (*Es importante tomar cursos de la Cruz Roja. Es una lástima que no haya otro programa.*)

- to form progressive tenses
  (*El presidente está hablando con el ministro. Antes estaba / estuvo escribiendo el documento.*)

**You must decide between *ser* and *estar* with most adjectives.**

- *Ser* is used to describe physical attributes, personality traits, and characteristic qualities that are considered **inherent** in the noun. It gives an objective view of what kind of person, place, or thing you are writing about.

  *Cristina es famosa.*
  *El periodista es gordo.* (He is 4'10" and weighs 200 pounds.)
  *El tren es rápido.* (It can go as fast as 300 kilometers per hour.)
  *El Hospital Calderón es moderno.* (It was built two years ago.)
  *El polo norte es frío.*

- *Estar* describes a condition or a state. The writer often expresses a more subjective evaluation of the noun—a judgment or a perception—by using *estar*.

  *El detective está viejo.* (He's only 40, but he's had a hard life and looks much older.)
  *Está gorda.* (She's not measurably overweight, but her bone structure and the unflattering dress she is wearing today make her look fat; or, we are surprised that she has gained weight recently.)
  *Alfonso está elegante.* (Because he is wearing a tuxedo tonight, he **appears to be** rather elegant. He **looks** elegant tonight.)
  *¡Qué frío está el aire aquí!* (How cold the air feels!)

- Some adjectives change their meaning entirely depending on whether they are used with *ser* or *estar*.

  *Amelia es lista.* Amelia is clever (sharp).
  *Amelia está lista.* Amelia is ready (to go).

  *Ana es rica.* Ana is a rich woman.
  *El pastel está rico.* The cake tastes great.

  *Juan es nervioso.* Juan is a nervous person.
  *Juan está nervioso.* Juan is nervous now.

*Felipe es vivo.* Felipe is clever.
*Felipe está vivo.* Felipe is (still) alive.

*La fruta es verde.* It is a green-colored fruit.
*La fruta está verde.* The fruit is not ripe.

## Exercises

**A.** **Complete the following sentences with the appropriate form of *ser* or *estar*.**

**1.** La dueña de la joyería _____ en peligro.

**2.** La reunión _____ en Colombia.

**3.** La joyería _____ de mi hermano.

**4.** Este diamante no _____ auténtico; _____ artificial.

**5.** La tía Amelia _____ la hermana de mi madre.

**6.** _____ verdad que Amelia _____ muy simpática.

**7.** La estación de Atocha _____ en Madrid.

**8.** Los detectives _____ investigando el robo de la joyería.

**9.** Los periodistas _____ guatemaltecos.

**10.** _____ las dos de la tarde.

**11.** La conferencia sobre la situación centroamericana _____ en Managua.

**12.** Los conferencistas _____ en Managua.

**B.** **Complete the following paragraph with the appropriate form of *ser* or *estar*.**

Gabriela _____ mi compañera de cuarto. _____ muy trabajadora. En este momento _____ en la biblioteca buscando datos para una tarea de periodismo. _____ muy nerviosa porque ya _____ las dos y tiene que entregar el trabajo a las dos y media. La clase _____ en el edificio de ciencias, que _____ bastante lejos de la biblioteca. _____ probable que Gabriela no vaya a llegar a tiempo. _____ una lástima que el profesor _____ tan exigente: no acepta ningún proyecto que se entregue ni un minuto tarde.

**C.** **Explain the difference in meaning between the following pairs of sentences.**

**1.** Marta **es** delgada. / Marta **está** delgada.

_____
_____
_____
_____

**2.**  Antonio **es** loco. / Antonio **está** loco.

_____
_____
_____
_____
_____
_____

**3.**  Los científicos **son** listos. / Los científicos **están** listos.

_____
_____
_____
_____
_____

**4.**  El agua **es** fría. / El agua **está** fría.

_____
_____
_____
_____
_____

**5.**  Tu hijo **es** grande. / Tu hijo **está** grande.

_____
_____
_____
_____
_____

## A LA PRUEBA

**A.**   El siguiente reportaje es típico de la prensa amarilla, es decir, noticias sobre lo escandaloso o lo extraño. Muchas veces el reportero o reportera exagera tanto que se llega a lo inverosímil (*improbable, unbelievable*). Hay uso de juegos de palabras y del sobrentendido(*innuendo, implication*).

**Le robó a su esposa**

El 3 de marzo se produjo un asalto en la elegante joyería «Recuerdos Eternos» de la calle Independencia de esta ciudad. Entraron en el establecimiento un hombre y una mujer, ambos enmascarados y armados de pistolas. Lograron huir con una cuantiosa° cantidad de joyas y dinero de la caja fuerte° después de haber tomado como rehenes° a dos de los empleados.

   La dueña de la joyería, la señora Esmeralda Jarquín, respetada dama de la sociedad de San Rafael, fue golpeada° violentamente por uno de los enmascarados y tuvo que ser trasladada° a la sala de emergencia del Hospital San Juan de Dios. Según afirmó uno de los rehenes, el asaltante que agredió° a la señora Jarquín exclamó: «Espero que esto te sirva de lección» y después añadió: «Ladrón° que roba a ladrón tiene cien años de perdón».

   De acuerdo con las investigaciones del detective Núñez, encargado del caso, se trata de una disputa matrimonial. Parece ser que en un litigio de divorcio, el actual° gerente del Banco Nacional, Lic. Eduardo Montero, exesposo de la señora Jarquín, perdió la joyería y la casa de habitación, una residencia en el muy exclusivo barrio de «Los Pinares del Río» valorada en varios millones de bolívares°. Las autoridades arrestaron ayer en casa de su hermano al señor Montero

*Marginal glosses:*
- substantial
- safe / hostages
- struck
- taken
- assaulted
- thief
- current
- Venezuelan monetary unit

y encontraron parte del botín°. No se sabe con certeza quién fue el otro asaltante aunque se sospecha de la nueva esposa del Lic. Montero, su antigua secretaria. Por el momento la señora Jarquín se encuentra convaleciendo en el hospital y el Lic. Montero bajo rejas° esperando ser juzgado°.

loot

in custody/
awaiting trial

**B.** Siguiendo los pasos que se explican en la página 215, haga un resumen del reportaje escandaloso «Le robó a su esposa». Use una hoja adicional para escribir el borrador y escriba la versión final en las líneas siguientes. Entréguele el borrador y la versión final a su profesor(a).

_____

_____

_____

_____

_____

_____

_____

_____

_____

_____

_____

_____

_____

_____

_____

_____

_____

_____

**C.** En este capítulo, usted ha encontrado varios ejemplos de reportajes. Entreviste a un(a) compañero(a) de clase. Primero, en una hoja adicional, prepare algunas preguntas. Usted podría, por ejemplo, preguntarle dónde nació, algo de la historia de su familia, sus gustos e intereses, la carrera que estudia, por qué escogió esa profesión, sus triunfos, etc. Luego, tome notas de las respuestas y en otra hoja escriba un reportaje sobre su compañero(a). En las líneas siguientes escriba la versión final de su reportaje. Su profesor(a) le puede pedir que lea su trabajo a la clase.

_____

_____

_____

_____

_____

_____

_____

_____

_____

_____

_____

_____

_____

_____

_____

*Más allá*

Discuta los siguientes temas con sus compañeros de clase. Luego escriba un resumen de sus comentarios sobre uno de ellos.

1. ¿Son las noticias demasiado sensasionalistas y fatalistas?

2. ¿Tiene la prensa amarilla razón de existir? Considere publicaciones en inglés como *The Star* o *The National Enquirer*.

3. ¿Tiene derecho el gobierno a forzar a los reporteros a que revelen sus fuentes?

*Comentarios:*

# Artistas latinoamericanos

## Objectives

**Upon completion of this chapter you should be able to**

- write an essay,
- utilize appropriate vocabulary to write about art and artists.

**Diego Rivera. *The Grinder.***

This chapter is organized differently from previous chapters because its writing task, creating an essay, synthesizes previous material into a final more involved composition.

## PARA HABLAR DEL TEMA

### Vocabulario esencial

Estudie las siguientes palabras y expresiones. Le pueden resultar útiles para entender y escribir sobre el arte y en especial sobre la pintura.

#### sustantivos

| | |
|---|---|
| la acuarela | watercolor |
| el autorretrato | self-portrait |
| el caballete | easel |
| el cuadro | picture, painting |
| la escultura | sculpture |
| el estudio / el taller | studio |
| el hito | landmark, milestone |
| la manta / el lienzo / la tela | canvas |
| el motivo | motif |
| la naturaleza muerta | still life |
| el óleo | oil painting |
| el paisaje | landscape |
| el paisaje marino | seascape |
| la permanencia | stay |
| la perspectiva | perspective |
| el pincel | artist's brush |
| la pintura | paint, painting |
| la pintura abstracta | abstract painting |
| el retrato | portrait |

#### verbos

| | |
|---|---|
| apartarse de | to put aside |
| provenir | to come from |

#### adjetivos

| | |
|---|---|
| acalorado(a) | heated |
| controvertido(a) | controversial |
| inusitado(a) | unexpected |
| perdurable | lasting |

#### expresiones

| | |
|---|---|
| en buena medida | in good measure |
| pese a | in spite of |
| si bien | although |

**A.** Lea el siguiente artículo.

**Intereses, polémica y cine sobre Frida Kahlo**

**Frida Kahlo.** *Autorretrato con el pelo suelto.*

Luis Valdez, el director de «La Bamba», se prepara para filmar una de las cuatro biografías que se están adaptando en Hollywood sobre la controvertida vida de la pintora mexicana Frida Kahlo. Como su obra y su vida, Frida en el cine ya es motivo de acalorada discusión.

Frida Kahlo vivió un complicado matrimonio con el pintor Diego Rivera, y se sabe que fue amante° de hombres y mujeres, artistas y revolucionarios, entre ellos el líder ruso Leon Trotsky. A los 18 años,

° lover

volucionarios, entre ellos el líder ruso Leon Trotsky. A los 18 años, como consecuencia de un terrible accidente de tren, quedó paralizada e infértil. Su sufrimiento físico y psicológico fue tema frecuente de sus 200 pinturas, en su mayoría autorretratos de estilo surrealista.

Recientemente se ha desatado° un interés inusitado por su vida y por su obra, y su figura se ha convertido en icono del movimiento feminista. Este año en Nueva York su *Autorretrato con el pelo suelto*° se vendió por la cifra° récord de $1,650,000, el precio más alto pagado jamás por una pintura latinoamericana.

La cantante Madonna, que es dueña de dos pinturas de Kahlo, ha ordenado un guión° sobre el tema de la pintora, provocando la crítica feroz de la escritora méxico-americana Sandra Cisneros. «Nosotras, como latinas, habíamos encontrado una heroína», ha declarado Cisneros. «Ver que alguien tan superficial como Madonna se apropia° de Frida Kahlo para su propio beneficio y para su propia visión romántica es algo que encuentro desagradable».

«Frida», la película que dirigirá Luis Valdez, pretende° mostrar a la pintora como «centro de aquel increíble medio° intelectual y artístico que era Ciudad México en los años cincuenta», afirma Kevin Benson, productor ejecutivo de la cinta°.

Robert de Niro trabaja en otro proyecto sobre Frida Kahlo, basado en el libro *La vida fabulosa de Diego Rivera*. Y David Cronenberg, el director canadiense de «The Fly» y «Dead Ringers» también desarrolla un proyecto propio.

*Glosas marginales:* unleashed · loose hair · figure · script · seize upon · tries · milieu · film

**B.** **Conteste las siguientes preguntas.**

**1.** ¿Por qué es tan controversial la vida de Frida Kahlo?

_____

_____

**2.** ¿Por qué se ha molestado con Madonna la escritora Sandra Cisneros?

_____

_____

_____

_____

**3.** Estudie la pintura de Frida Kahlo *Autorretrato con el pelo suelto* y descríbala brevemente. ¿Le gusta? Explique sus razones. ¿Cree usted que vale $1,650,000?

_____

_____

_____

_____

_____

_____

_____

_____

_____

_____

**C.**   **Ahora haga una lista de las palabras del Ejercicio A que usted no conocía. Añada otros vocablos que le podrían ser útiles para hablar de pintores. Si es necesario, busque esos términos en el diccionario.**

_____   _____   _____

_____   _____   _____

_____   _____   _____

_____   _____   _____

_____   _____   _____

_____   _____   _____

_____   _____   _____

_____   _____   _____

_____   _____   _____

## ANÁLISIS DEL ENSAYO

Muchas veces en la vida profesional se tiene que analizar, interpretar o evaluar un tema por escrito. El tipo de redacción que se ha de usar entonces es **el ensayo.**

Un ensayo puede tomar varias formas: puede ser una obra literaria pulida (_polished_) y erudita (este tipo de ensayo es un género literario, al igual que la novela, el cuento, el drama o la poesía), un artículo de una revista popular o de una profesional, un breve artículo de un periódico, o quizá un folleto (_pamphlet, brochure_) comercial o político. Puede, aun, tomar la forma de una carta dirigida a la redacción (_editor_) de un periódico. Otra clase de ensayo, un tipo que muchos estudiantes conocen, es el examen que requiere que el alumno escriba de una manera coherente y organizada una composición que demuestre su conocimiento sobre la materia de un curso.

En el pasado, se insistía en que los estudiantes observaran reglas (_rules_), fórmulas y estructuras bastante rígidas en la elaboración de un ensayo. Se obligaba, por ejemplo, que el alumno pudiera distinguir entre las diferentes formas técnicas del desarrollo de una tesis de ensayo: el análisis, la definición, la clasificación, la comparación o el contraste. Era también costumbre la elaboración de un bosquejo. Se afirmaba categóricamente que sin un bosquejo es imposible producir buenos resultados. Una buena organización nunca es nociva (_harmful_), claro está, y hay autores que conciben sus escritos siguiendo un cuidadoso plan. Sin embargo, muchos obtienen resultados satisfactorios utilizando solamente unas pocas palabras o frases cortas para guiarse en la redacción de un ensayo. Finalmente, hay quien prefiere que fluyan ( *flow*) las ideas sin un plan previo. La experiencia parece demostrar que la necesidad de un bosquejo formal es más un mito que una necesidad. Es más, muchas veces la preocupación excesiva por la **forma** al comenzar el trabajo le roba riqueza al **contenido**.

Lo más importante para quien desea producir un buen ensayo es seguir tres pasos básicos.

1. Decidir exactamente lo que se quiere enfocar (*to focus on*) —cuál va a ser la tesis de la obra.
2. Desarrollar la tesis lo más específicamente posible, cuidando que lo escrito sea claro, organizado y coherente.
3. Revisar lo escrito.

## La elección de un tema y la definición de una tesis

El tema o tópico es el campo general del conocimiento sobre el que se escribe. Por ejemplo, se puede hablar sobre literatura, deportes, pintura, etc. La tesis es una oración que resume la idea principal del ensayo y a la cual se subordina todo el escrito.

> *Ejemplo:*   la pintura (tema general)
> Diego Rivera revitalizó la pintura mexicana con la inclusión de elementos autóctonos (*indigenous*). (tesis)

Algunas veces no es necesario decidir sobre una tesis. Puede suceder que la profesora de historia le dé a la clase un examen tipo ensayo en el cual se requiere escribir sobre un aspecto muy específico. Quizá la gerente de la compañía le pida al subalterno que produzca un artículo sobre las ventajas de un nuevo tipo de calculadora. La mayoría de las veces, sin embargo, es el escritor quien ha de decidir sobre la tesis.

¿Cómo llegar a la decisión? ¿Cómo encontrar esa **tesis**? Primero que todo, lo más recomendable es escribir sobre un asunto conocido que interese al autor. Sería absurdo, por ejemplo, intentar escribir sobre algún aspecto del cine francés contemporáneo sin haber visto un razonable número de películas francesas recientes o cuando no se está interesado en el cine. Por supuesto, de vez en cuando es necesario escribir sobre un tema fuera de la especialidad o experiencia personal. En tal caso es absolutamente esencial investigar (*to do research*), leer e informarse hasta lograr un buen dominio de la materia.

Inicialmente se debe escoger un tema o tópico sobre el cual se pueda escribir inteligentemente. Luego hay que delimitar y enfocar ese tópico. Es importante considerar la longitud (*length*) deseada y el tiempo de que se dispone (*available*) para escribir, el límite de páginas o palabras u otros factores semejantes. Sin esta delimitación del tema, el autor puede sobrepasar (*exceed*) el límite de tiempo o de palabras, o aún peor, puede producir un ensayo vago y general, por lo común de poco valor.

Comience por dividir el tema general en aspectos específicos. Subdivida, luego, **uno** de estos aspectos en otro aún más específico. Siguiendo este método encontrará por fin una faceta del tema original que es lo bastante específica para poder ser desarrollada en los límites fijados para el ensayo. Los ejemplos que siguen ilustran la delimitación y enfoque de temas generales hasta que se obtienen tópicos más específicos. Observe cómo se concretan progresivamente hasta que se obtiene un tópico lo suficientemente específico, una tesis apta para ser desarrollada en un ensayo.

## Ejemplo 1

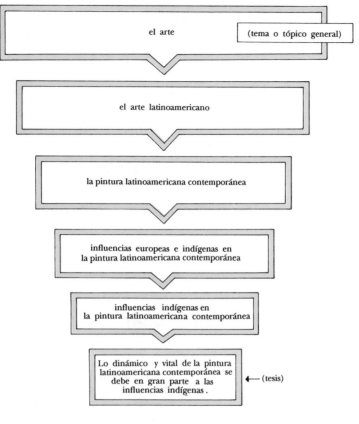

el arte    (tema o tópico general)

el arte latinoamericano

la pintura latinoamericana contemporánea

influencias europeas e indígenas en
la pintura latinoamericana contemporánea

influencias indígenas en
la pintura latinoamericana contemporánea

Lo dinámico y vital de la pintura
latinoamericana contemporánea se
debe en gran parte a las
influencias indígenas.   ← (tesis)

## Ejemplo 2

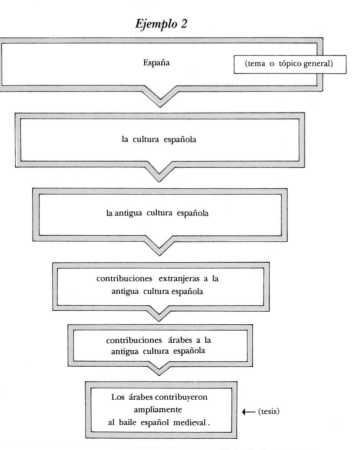

España    (tema o tópico general)

la cultura española

la antigua cultura española

contribuciones extranjeras a la
antigua cultura española

contribuciones árabes a la
antigua cultura española

Los árabes contribuyeron
ampliamente
al baile español medieval.   ← (tesis)

**A.** Utilizando la forma de los esquemas (*diagrams*) anteriores, limite y enfoque usted el tema general «la música» hasta llegar a una tesis lo bastante específica para poder desarrollarse en un ensayo de dos o tres páginas.

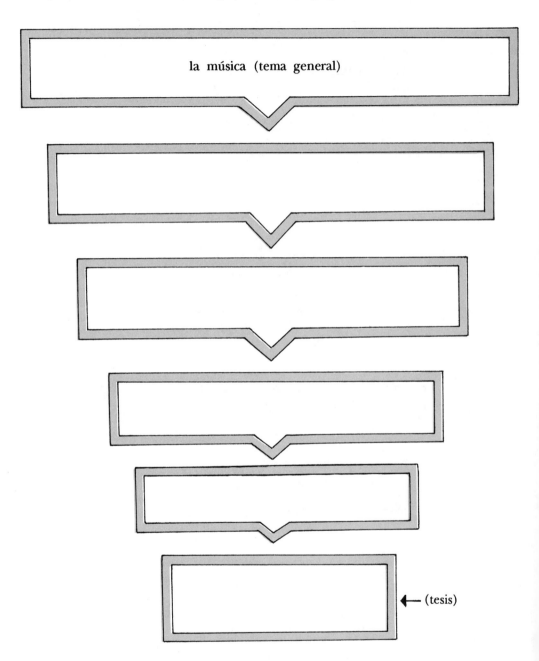

la música (tema general)

◄— (tesis)

**B.** Los siguientes temas son demasiado generales para desarrollarse en una composición de una, dos o aun tres páginas. Escoja usted *uno de ellos* o agregue uno de su interés personal. Luego limítelo y enfóquelo en una hoja adicional. Utilice la forma del esquema del Ejercicio A o invente otra si así lo prefiere.

- la arquitectura
- la escultura
- la religión
- el amor
- Latinoamérica
- la literatura

- las artes plásticas
- España
- el cine
- el canto
- la danza
- los deportes

# El desarrollo de la tesis: organización de sus ideas en forma escrita

## La organización

Todo ensayo consta de (*consists of*) varios párrafos que sirven para desarrollar la tesis. Generalmente el primero es una forma de introducción que plantea (*states, sets forth*) la tesis de una manera concisa. Es decir, informa al lector cuál es la idea que va a desarrollar la composición. Sin él, los párrafos que lo siguen no tienen unidad ni sentido completo.

Un buen ensayo generalmente tiene alguna clase de conclusión. Puede resumir (especialmente si el ensayo es largo) las ideas fundamentales que se han presentado, o quizás plantear una implicación que se deriva de la tesis desarrollada. Otras veces sugiere una acción. La conclusión puede constituir un párrafo entero. En otras ocasiones aparece simplemente como una o dos oraciones al final del último párrafo del desarrollo del ensayo.

Entre el párrafo de introducción y la conclusión se encuentra el desarrollo (*body*) del ensayo. Éste consiste en una serie de párrafos interrelacionados, cada uno de los cuales elabora o amplía (*develops, enlarges upon*) un único punto o aspecto de la tesis principal.

¿Cuántos párrafos debe tener un buen ensayo? Tradicionalmente se recomienda el llamado (*so-called*) ensayo de cinco párrafos —un párrafo introductorio, tres del desarrollo y uno para concluir. Aunque tal ensayo puede resultar adecuado, no es necesario limitarse a cinco párrafos. Se debe, al contrario, utilizar cuantos párrafos sean apropiados para desarrollar la tesis. Hay que enfatizar que la **organización** de cada párrafo es más importante que el **número** de párrafos.

Cuando se discutió la estructura del párrafo en el capítulo 3, se mencionó la oración tópica o temática. Ésta es generalmente la primera oración del párrafo, aunque, como usted recordará, a veces la encontramos a la mitad o al final, y en algunos casos no existe. La oración tópica menciona un solo aspecto del ensayo. Es como una síntesis del párrafo en el que se encuentra.

No olvide que cada párrafo del desarrollo de un ensayo discute **un solo aspecto** de la tesis principal —ampliando ese aspecto, detallándolo (*specifying it in detail*), explicándolo, corroborándolo o reforzándolo.

Lea usted el siguiente ensayo y observe cómo cada párrafo del desarrollo plantea con detalles específicos un solo aspecto de la tesis que se presenta en el párrafo introductorio.

Wilfredo Lam. *La Jungla*.

### Los hitos* del modernismo

**párrafo 1**  Desde la época colonial el arte latinoamericano ha combinado elementos europeos e indígenas, pero durante varios siglos° predominaron los primeros. Las catedrales e iglesias de México y Perú incorporaron motivos decorativos indígenas, pero los conceptos, estilos y técnicas eran españoles. Durante los siglos XVIII y XIX, los gustos europeos continuaron influenciando el arte latinoamericano, pero al comienzo del siglo XX el equilibrio entre los estilos del Viejo Mundo y los autóctonos cambió radicalmente. ← **introducción**

**párrafo 2**  Hoy día el arte latinoamericano es, quizá, el más vital y dinámico del mundo, gracias en buena medida a la visión precursora de cuatro grandes pintores latinomericanos: Diego Rivera, Joaquín Torres-García, Wilfredo Lam y Roberto Matta. Los cuatro estudiaron

**hitos**...*milestones;* **siglos**...*centuries*

en Europa, especialmente en París, y se empaparon° de ideas de vanguardia, desde el cubismo al surrealismo automatista, pero se apartaron de estos modelos y buscaron inspiración en las distintas culturas del Nuevo Mundo. El resultado fue un arte innovador, que si bien tenía cimientos° europeos, reflejaba una visión singular.

**párrafo 3**  El mexicano Diego Rivera(1886–1957) se dedicó a la glorificación del hombre común, no simplemente por medio del retrato del trabajador, sino mediante° la incorporación del arte folklórico a su estilo pictórico. En muchos de sus murales reprodujo escenas de la antigua vida mexicana. Rivera transmitió una visión poética, no histórica, de la sociedad mexicana precolombina. Incluyó deidades aztecas y escenas de la mitología azteca con el objeto de captar la totalidad de la visión indígena, y también emuló los gráficos y pinturas precolombinos. En su *Historia de las religiones* (1950–1954), fuentes mayas inspiraron su versión de las prácticas religiosas precolombinas, los sacrificios humanos incluidos.

**párrafo 4**  De modo similar, el descubrimiento del arte precolombino revolucionó el trabajo del uruguayo Joaquín Torres-García (1874–1949). Anteriormente se había interesado por las formas estilizadas del arte europeo medieval y del arte africano. Alrededor de 1930 abandonó el estructuralismo abstracto puro y pasó a incorporar a sus obras representaciones evocadoras de las figuras creadas por las civilizaciones antiguas. Aunque su obra reflejó la influencia de diversas culturas antiguas, muchos de sus conceptos provinieron directamente del arte precolombino. A diferencia de Rivera, Torres-García no consideró este nuevo estilo como una afirmación de identidad cultural nacional. Debido, quizá, a su propia formación clásica y a su prologada residencia en Europa, percibió la civilización precolombina como un elemento del gran patrimonio° artístico del mundo, no limitado a un determinado país o propio de éste.

← **desarrollo**

**párrafo 5**  Mientras que Rivera y Torres-García encontraron inspiración en las culturas indígenas precolombinas, el cubano Wilfredo Lam (1902–1982) se volvió hacia sus raíces africanas. Hijo de padre chino y madre mulata, desde su niñez Lam se vio expuesto° a las influencias de las culturas china, europea y africana, pero se sintió especialmente atraído° por las tradiciones de su madre. En 1938 se trasladó° a París donde Picasso lo puso en contacto con la escultura africana. En sus primeras composiciones cubanas es evidente la influencia de Picasso y otros modernistas, pero muy pronto comenzaron a predominar las imágenes nativas. Aunque Lam no practicaba religión alguna, percibió en la santería° y otros cultos una suerte° de fuerza primitiva, de poderío° crudo, que se manifiesta en sus pinturas.

**párrafo 6**  El chileno Roberto Matta (1911–   ) es el más joven de los cuatro pintores. Durante su permanencia en México, Matta se interesó en la mitología maya que se basa en una visión cósmica del universo. El hombre y la naturaleza son considerados elementos de y

---

**se empaparon**...*absorbed*; **cimientos**...*bases, foundations*; **mediante**...*by means of*; **patrimonio**...*heritage*; **expuesto**...*exposed*; **atraído**...*drawn to, attracted to*; **se trasladó**...*moved*; **santería**...*African-based religion practiced in the Caribbean*; **suerte**...*kind, type;* **poderío**...*strength ;*

una totalidad y el tiempo como algo cíclico. Matta percibió el antiguo sistema como una respuesta creativa al caos fundamental del universo. El pintor también viajó al Perú, donde visitó Machu Picchu y descubrió una profunda afinidad con los artistas precolombinos cuyas obras de belleza perdurable respondían a las exigencias° del majestuoso paisaje peruano.

**párrafo 7**      Los cuatro artistas, si bien radicalmente diferentes en cuanto a estilo y sus propósitos, pese a° su formación europea, resultaron profundamente influidos por sus raíces y revitalizaron el arte latinoamericano.

← **conclusión**

**exigencias**...*demands*; **pese a**...*in spite of*

El ensayo anterior utiliza buenas técnicas expositivas. El primer párrafo es una introducción, y en la última oración la autora plantea su tesis: los estilos indígenas tienen mayor influencia que los europeos en la pintura latinoamericana del siglo XX.

Observe usted cómo la escritora desarrolla su tesis a través de los párrafos del ensayo. En el segundo párrafo menciona a cuatro pintores que, apártandose de modelos europeos e inspirándose en las culturas del Nuevo Mundo, renovaron el arte latinoamericano. Luego cada párrafo que sigue explica con ejemplos y detalles la obra de **uno** de estos artistas. El tercer párrafo, por ejemplo, cita algunos de los temas mexicanos precolombinos que incorpora Diego Rivera en su pintura (dioses aztecas, sacrificios humanos, etc.).

**C.**   **Conteste las siguientes preguntas sobre el ensayo.**

1.   ¿ Qué hace la escritora en el cuarto párrafo?

_____

_____

_____

_____

_____

2.   ¿Qué logra en el quinto párrafo ?

_____

_____

_____

_____

_____

3.   ¿Qué muestra el sexto párrafo ?

_____

_____

_____

_____

**4.** ¿Cuál es la función del séptimo párrafo?

_____

_____

_____

_____

Note que aunque cada párrafo enfoca un aspecto distinto, todos tienen en común la referencia a la tesis. Observe también el uso de las estructuras de enlace (_linking, connection, transition_) (**hoy día, de modo similar, mientras**) con las cuales se introducen los párrafos 2, 4 y 5. Estas estructuras indican las relaciones entre los diferentes párrafos. La fluidez (_fluidity_) de la composición en gran parte se debe al uso de palabras como éstas que aseguran (_ensure_) la transición y los enlaces de las ideas presentadas.

## Cómo empezar

Y ahora bien, ¿qué pasa cuando al sentarse a escribir usted sigue con la página en blanco (_blank_) y la mente en blanco? No se preocupe. Esta situación es más común de lo que se piensa. Aun escritores de profesión sufren experiencias semejantes de vez en cuando. Recuerde que lo mejor en tal situación es escribir **algo**. Muchas veces lo más difícil es poner la primera palabra en el papel.

Recuerde también que sus primeros esfuerzos no tienen que ser perfectos. De hecho, sería muy raro si lo fueran. Escriba cualquier idea que venga a su mente. Si tiene un esquema, quizá sea éste el momento de consultarlo o revisarlo. Bien puede ser que esta etapa (_step_) sea apta para generar nuevas ideas o modificar el enfoque de su tesis.

En un buen ensayo el escritor recoge (_collects_) y organiza una cantidad de ejemplos, detalles o datos para elaborar o corroborar su tesis. Algunas veces el autor puede utilizar experiencias y observaciones personales para desarrollar las ideas, y otras veces escribe de una manera totalmente impersonal, como en el ensayo «Los hitos del modernismo». No importa la perspectiva del autor, sea personal o impersonal; lo importante es que elabore su tesis de manera que el lector pueda seguir el hilo (_course, thread_) de la discusión.

Supongamos, por ejemplo, que usted tiene que escribir un ensayo para el periódico de su universidad sobre el tópico «Un(a) profesor(a) que merece (_deserves_) ser nombrado(a) 'Mejor Profesor(a) del Año'» y tiene dificultad en comenzar. Usted no ha elaborado un esquema preliminar. En esta situación, puede pensar en una profesora o un profesor y por qué le agrada (_you like him or her_). Ahora usted puede hacer unas notas breves. Podría escribir, por ejemplo, algo así:

Está muy bien preparado(a) académicamente.

Aporta (_He / She brings_) ideas innovadoras a sus clases.

Siempre trata de una manera respetuosa y justa a los estudiantes.

Tiene buen sentido (_sense_) del humor.

Ahora usted tiene escrito lo suficiente para elaborar una tesis y la introducción a su ensayo: «El (La) profesor(a) _____ merece ser nombrado(a) 'Mejor Profesor(a) del Año' por su buena preparación académica, por sus técnicas innovadoras, su trato justo y amable y su buen sentido del humor».

El próximo paso será usar estos cuatro puntos para desarrollar su ensayo, explicando con detalles y ejemplos cada uno de los puntos del primer párrafo. En el segundo párrafo, puede mencionar las universidades a las cuales asistió el (la) profesor(a), los títulos universitarios que obtuvo, los honores académicos y profesionales que ganó, las organizaciones profesionales a las cuales pertenece, sus viajes de estudio, publicaciones, etcétera. Asimismo (*Likewise*) con el segundo punto (en otro párrafo), el tercer punto (en otro párrafo), etcétera. Luego el ensayo debe terminar con alguna conclusión.

**D.** **Con tres compañeros de clase, utilice la información y las sugerencias anteriores para completar el borrador de un ensayo sobre su profesor o profesora ideal. Uds. pueden usar su imaginación o escribir sobre un(a) profesor(a) que conocen. Tenga cuidado de que cada párrafo del desarrollo del ensayo plantee una sola idea o un solo aspecto de la tesis. En esta composición la tesis se encuentra en la primera oración del primer párrafo.**

El (La) profesor(a) _____ merece ser nombrado(a) «Mejor Profesor(a) del Año» por su buena preparación académica, por sus técnicas innovadoras, por su trato justo y amable y su buen sentido del humor. Hay, en efecto, pocos profesores de tan extraordinaria calidad, ya sea en el departamento de _____ , como en toda la universidad.

    Graduado(a) en _____ de la Universidad _____

_____ ,

ha realizado estudios de posgrado en _____

_____

_____

_____

_____ .

También ha _____

_____

_____

_____

_____ .

    Además de sus impresionantes calificaciones académicas,

aporta al aula (*classroom*) _____

_____

_____

_____

_____

_____

_____

_____

_____.

Aunque _____

_____

_____

_____

_____

_____

_____.

Obviamente, _____

_____

_____

_____

_____

_____

_____

_____.

Después de completar el borrador, hagan **dos** copias para cada miembro del grupo. Las van a necesitar más tarde.

## La revisión

Ninguna composición se puede considerar realmente completa hasta que el escritor la haya revisado. La revisión es una etapa absolutamente indispensable en la producción de un buen trabajo.

Terminado el borrador, muchos escritores lo leen inmediatamente y hacen cualquier cambio que les parezca apropiado. Luego lo dejan. El distanciarse (*Distancing oneself*) de la composición, ya sea por unas horas o por unos días, los ayuda a contemplar de una manera más objetiva la labor. Otros escritores más experimentados (*experienced*) revisan a la vez que elaboran el borrador; pero aún así deben separarse del ensayo para regresar más tarde a revisarlo.

La revisión final tiene dos etapas: la temática y la formal. Es recomendable corregir estos aspectos en forma separada. Es decir, leer el borrador dos veces.

### La revisión temática

La primera lectura del borrador enfoca la organización. Los esfuerzos se concentran en la estructura y la evolución lógica, según el desarrollo de la tesis. Al leer debe preguntarse si la composición...

- ha presentado claramente la tesis.

- ha ofrecido bastantes detalles o ejemplos para sustentarla (*support it*).

- ha ordenado lógicamente los párrafos del desarrollo de tal modo que cada uno de ellos hable de un solo aspecto de la tesis.

- ha establecido relaciones entre los párrafos y una transición que guíe al lector hacia una conclusión lógica.

### La revisión formal

En la segunda lectura, el autor corrige y pule (*polishes*) la gramática, el vocabulario, la puntuación y la ortografía. Después de hacer las revisiones necesarias, lo único que le falta es escribir el ensayo «en limpio» y leerlo una vez más en su forma final.

## A LA PRUEBA

**A.** Siguiendo las técnicas de la revisión que aprendió en este capítulo, utilice usted un bolígrafo de tinta (*ink*) roja para revisar una de las copias del borrador del Ejercicio D («El (La) profesor(a) _____ merece ser nombrado(a) 'Mejor Profesor(a) del Año'»). Después de revisar el borrador, escriba usted su propia versión final. Luego entregue a su profesor o profesora

1. la copia **no** revisada del borrador,

2. el borrador que usted revisó y

3. su versión final «en limpio».

**B.** Escriba usted (en hojas adicionales) un ensayo sobre cualquier tema que le guste. Haga un borrador y, después de revisarlo, entregue a su profesor o profesora el borrador y la versión final del ensayo. Utilice un bolígrafo de tinta roja para hacer las revisiones y correcciones del borrador.

Comentarios:

## Syllabification and Diphthongs

For various reasons it sometimes becomes necessary to divide a word (an entire word may not fit at the end of a line, for example). You must also be able to divide a word into syllables in order to determine the position of a written accent. Because Spanish syllabification is different from English, you should be aware of the following guidelines.

### Syllabification

1. The simplest syllable consists of a single vowel.

   *a   o   a-la   o-jo   i-ra*

2. The most common syllable consists of a consonant followed by a vowel.

   *ge-ne-ro-so   ca-sa   pe-ro   gé-ne-ro*

3. Two consonants are usually divided.

   *lis-to   al-ta   mis-mo   al-gu-no   im-por-tan-te*

   a. A two-consonant combination whose second consonant is *l* or *r* is not separated.[1]

      *a-pli-ca-mos   de-sa-gra-da-ble   in-glés*

   b. The letters *ch*, *ll*, and *rr* are never separated because they each represent a single character (letter) of the Spanish alphabet.

      *de-re-cho   cue-llo   a-rran-car   pe-rro*

4. When there are three consonants together . . .

   a. the first two usually go with the preceding vowel, and the third goes with the vowel that follows.

      *ins-ta-lar   trans-cen-der   ins-pec-cio-nar*

   b. if the third consonant is *l* or *r*, the last two consonants go with the vowel that follows.

      *en-fla-que-cer   ex-tran-je-ro   ex-pli-car*

---

[1]The combination *s* + *l/r* is an exception: *is-la, des-lin-de, des-ra-ma.*

**5.** When there are four consonants together, they are divided between the second and third.

*cons-crip-to*    *ins-cri-bir*    *ins-tru-men-to*

## Diphthongs

In Spanish, a diphthong is the combination of one weak vowel (*i, u*) and one strong vowel (*a, e, o*), or the combination of two weak vowels. A diphthong constitutes **one syllable**, and its vowels are never separated. (See Appendix B, page 249.)

| | | |
|---|---|---|
| *ai-re* | *au-la* | *cui-dar* |
| *boi-na* | *dios* | *ciu-dad* |
| *sue-lo* | *cie-lo* | *Ma-rio* |

Some degree of **spoken** stress always goes on the **strong** vowel or on the **second** vowel of a combination of two weak vowels.

Note: Two **strong** vowels do not form a diphthong.

*ma-es-tra*    *de-se-o*    *cre-en*

| APPENDIX |
|----------|

## Stress and Written Accent

In every word of two or more syllables, one syllable is stressed (pronounced more intensely than the other[s]). There are three general rules that determine where a word is stressed.

### General Rules

**1.** Words that end in a vowel or *n* or *s* are stressed automatically on the **second-to-the-last syllable**.

*mañana*   *departamento*   *hospitales*   *consideran*

**2.** Words that end in a consonant other than *n* or *s* are stressed automatically on the **last syllable**.

*participar*   *verdad*   *hospital*   *avestruz*

Most words in Spanish fall into these two categories and therefore do not require a written accent.

**3.** Any word that follows a different stress pattern than those described above must have a written accent to tell you which syllable to stress.

| | | | |
|---|---|---|---|
| *simpático* | *Martínez* | *explicándomelo* | *fácil* |
| *automóvil* | *habló* | *José* | *México* |
| *teléfono* | *escribirás* | *Mamá* | *Perú* |

### Special Rules

**1.** A diphthong constitutes a single syllable (*seis, es-tu-dia*). However, if the primary stress of the word falls on the weak vowel of a strong-weak vowel combination, a written accent must be placed over the weak vowel. The diphthong is thereby eliminated.

*Ma-rio* (diphthong *io*)          *Ma-ría* (no diphthong)

*dia-ria* (two diphthongs *ia*)     *dí-a* (no diphthong)

*con-ti-nuo* (diphthong *uo*)       *con-ti-nú-o* (no diphthong)

*ha-cia* (diphthong *ia*)           *ha-cí-a* (no diphthong)

2. Interrogative and exclamatory words have a written accent (to distinguish them from **relative pronouns** or **adverbs**). This accent mark has no effect on pronunciation or stress.

   *¿Cómo?*   *¡Cómo!*   *como*

   *¿Qué?*   *¡Qué!*   *que*

3. One-syllable words generally do not have a written accent. However, certain words (many of them one-syllable) have a different meaning when they bear a written accent. They are pronounced and stressed identically with or without the accent.

| | | | |
|---|---|---|---|
| *aun* | even (adverb) | *aún* | yet, still (adverb) |
| *de* | of, from (preposition) | *dé* | give (subjunctive, command *dar*) |
| *el* | the (definite article) | *él* | he (personal pronoun) |
| *mas* | but (conjunction) | *más* | more (adverb) |
| *mi* | my (possessive adjective) | *mí* | me (personal pronoun) |
| *se* | himself, herself, itself themselves (reflexive pronoun) | *sé* | I know (present of *saber*), be (imperative of *ser*) |
| *si* | if (conjunction) | *sí* | yes (adverb) himself, herself, themselves (reflexive prepositional pronoun) |
| *solo* | alone (adjective) | *sólo* | only (adverb) |
| *te* | you (object pronoun) | *té* | tea (noun) |
| *tu* | your (possessive adjective) | *tú* | you (subject pronoun) |

4. The demonstratives *este, ese,* and *aquel* (and their feminine and plural forms) have written accents when they function as **pronouns**. When they function as **adjectives** they do not.

   *Me gusta **esta** (adjective) casa;*

   *a Marta también le gusta **ésta** (pronoun).*

5. The conjunction *o* (or) bears a written accent when it occurs between two numerals (to avoid confusing it with a zero).

*506*    (five hundred six)

*5 ó 6*    (five or six)

**6.** A word that has a written accent in the singular usually retains it in the plural.

*lápiz / lápices    altímetro / altímetros*

There are two exceptions:

*carácter / caracteres    régimen / regímenes*

**7.** The first element of a compound word does not retain a written accent.

*décimo + séptimo = decimoséptimo*

*así + mismo = asimismo*

**8.** If a compound word is joined by a hyphen, each element of the hyphenated word retains its original written accent.

*histórico-legendario*

*político-económico*

*hispano-francés*

**9.** Adverbs that end in *-mente* retain the written accent of the original adjective.

*cortés / cortésmente    rápido / rápidamente*

Note: Uppercase stressed vowels retain their written accents; however, for typographical reasons they are often omitted.

*Los Ángeles    Ávila    Él habla.*

## Capitalization

In general, Spanish and English share many similarities in their use of capital letters (*mayúsculas*) and lowercase letters (*minúsculas*). Nevertheless, there are several cases in which the two languages vary. Note, for example, the differences between these two sentences:

I am **S**panish: I am from **S**pain and I speak **S**panish.

*Soy española: soy de **E**spaña y hablo español.*

The following guidelines will help you to determine whether to use a capital or a lowercase letter in Spanish.

### Use a **capital letter** for . . .

**1.** the first word of a sentence.

*Decidieron ir al cine.*

*¿A dónde piensas ir?*

*¡Qué noche pasamos!*

**2.** proper nouns, names, and nicknames.

*Se llama **Mirta Campos.***

*Nació en **Caracas, Venezuela.***

***Juana la Loca***

*la **Facultad de Ciencias y Letras***

*la revista **Tiempo***

*el periódico **La Nación***

*el **Corte Inglés*** (a Spanish department store)

**3.** **abbreviated** forms of titles and of *usted / ustedes.*

*¿Conoce **Ud.** a **D.** Miguel y a la **Sra.** Lerma?*

but

*¿Conoce usted a don Miguel y a la señora Lerma?*

**4.** titles of authorities when referring to a **particular** authority.

*el **S**enador Marín y los otros senadores*

*el **P**residente Sarmiento*

*todos los presidentes, más el **P**residente de Chile*

*ningún rey como el **R**ey Juan Carlos, **R**ey de España*

**5.** words that refer to God and to the Virgin Mary.

*el **S**alvador*

*el **T**odopoderoso*

***N**uestro **S**eñor*

*Él*

***N**uestra **S**eñora de Guadalupe*

*la **I**nmaculada*

*la **M**adre **D**olorosa*

*Ella*

**6.** the article that accompanies the names of certain **cities**.

***L**a Havana*

***L**a Paz*

***E**l Petén*

***L**a Coruña*

## Use a *lowercase letter* for . . .

**1.** days of the week.

*Hoy es **l**unes.*

*Mañana es **m**artes.*

**2.** months of the year.

*el seis de **m**ayo*

*un día caluroso de **a**gosto*

**3.** nouns and adjectives of nationality (but **not** the name of the country or city).

*Soy **c**ostarricense, pero no nací en Costa Rica.*

*Una persona de Madrid se llama un(a) **m**adrileño(a).*

*los **m**exicanos expulsados de México*

**4.** languages.

*Hablo **e**spañol, **i**nglés y **p**ortugués.*

*Muchos **c**anadienses hablan **f**rancés.*

**5.** the article that accompanies certain **countries'** names.

*Es de la Argentina, pero vive en **el** Perú.*

*En **el** Canadá se habla francés.*

**6.** nouns and adjectives that denote political or religious affiliations.

*Soy **demócrata**, pero ella es **republicana**.*

*Asistieron **católicos**, **judíos** y **musulmanes**.*

*el partido **liberal***

*la iglesia **mormona***

*los **mormones***

**7.** titles of books, literary works, articles, artistic works, etc., **with the exception of the first word.**

*Mariano Azuela escribío **Los de abajo**.*

*¿Leyó usted **La familia de Pascual Duarte?***

*El poema se titula «**Canción de otoño en primavera**».*

**8. unabbreviated** titles.

*la señorita Artino*

*el señor Gutiérrez*

*doña Elvira y don Fernando*

# APPENDIX

## Punctuation

Proper punctuation helps to ensure clarity and precision in your writing. With few exceptions, Spanish punctuation is very similar to English. The following guidelines will help you to punctuate your writing effectively.

1. Use a **period** (*punto*) . . .

    **a.** to end a declarative sentence (any sentence that is not interrogative or exclamatory).

    *Leonora es profesora.*

    *Alberto vive en Murcia.*

    *Quise ir, pero no pude.*

    *Vimos varios animales: alpacas, vicuñas, llamas y guanacos.*

    **b.** to end an imperative sentence.

    *Siéntense aquí, por favor.*

    *No vayas sin avisarme.*

    **c.** after abbreviations.

    *El Sr. Montes trabaja para Soler y Cía., S.A.*

    *La Dra. Roldán compró 20 l. (litros) de gasolina.*

Note: In writing numbers in Spanish, the period replaces the (English) comma. *5.640.200* (five million, six hundred forty thousand, two hundred)

2. Use a **comma** (*coma*) . . .

    **a.** to separate elements of a series (unless the elements are joined by *y [e], o [u],* or *ni*).

    *Hay clase los lunes, miércoles y viernes.*

    *Habla clara, directa e inteligentemente.*

    *No asistieron mexicanos, peruanos, argentinos ni chilenos.*

    *Compró el billete, facturó el equipaje, se despidió y subió al tren.*

**b.** to separate the person(s) spoken to in direct address.

*Ven acá, Juanito.*

*Juanito, ven acá.*

*Siéntense, señores, por favor.*

**c.** before adversative conjunctions (*pero, mas, sino, sin embargo, al contrario, no obstante, aunque, por lo contrario,* and *a pesar de [que]*) when they connect short sentences

*Le rogué que me ayudara, pero no lo hizo.*

*Le rogué que me ayudara, mas no lo hizo.*

and **before and after** when the conjunction is embedded.

*Le rogué que me ayudara; no quiso, sin embargo, hacerlo.*

**d.** before causal conjunctions (*porque, ya que, puesto que, pues,* and *que* when it means **because**).

*Escríbalo ahora, que (porque) no se lo voy a repetir.*

*Preferí no ir, puesto que me sentía muy mal.*

**e.** before consecutive conjunctions (*así que, así es que, por lo tanto, por siguiente, en consecuencia; pues* and *luego* when they mean *por lo tanto* [therefore])

*No tenemos el dinero suficiente, por lo tanto no podremos comprarlo.*

*Me mandaron el boleto equivocado, por consiguiente tendré que devolvérselo.*

and **before and after** when the conjunction is embedded.

*No está interesado en nuestra compañía; no creo, por lo tanto, que sea necesario que gastemos el tiempo en hacer la demostración.*

**f.** to set off an explanatory phrase or an element that provides additional or incidental information.

*Nos lo dijo Pilar, la hija de don Luis.*

*El anuncio sobre la fotocopiadora, anuncio elaborado para la compañía Xerox, no se usará en nuestra publicación.*

**g.** to separate participial phrases from the rest of the sentence.

*Firmado el contrato, la ingeniera regresó a su país.*

*Permaneció de pie, el pelo revuelto por el viento.*

*Entró en la sala, hablando en voz alta.*

**h.** to set off an embedded subject or any other embedded expression.

*En la novela, el asesino, con mucha astucia, entró en el cuarto del enfermo.*

*La chica, cuyos padres son muy ricos, asiste a una escuela privada.*

**i.** to separate a prepositional phrase when it appears at the beginning of the sentence or when it is embedded.

*En la estación de Ubeda, el maquinista hizo su primera parada.*

*El maquinista hizo, en la estación de Ubeda, su primera parada.*

**j.** after an adverb clause that begins a sentence.

*Si tuviera tiempo, iría contigo.*

*Cuando llegamos al pueblo, ya era de noche.*

**k.** to separate a long, extensive subject.

*Los alumnos que habían estudiado diligentemente durante todo el semestre, obtuvieron muy buenas notas.*

**3.** Use a **semicolon** (*punto y coma*) . . .

**a.** to join the clauses of a compound sentence without a coordinating conjunction.

*Los hombres lanzaban sus sombreros al aire; las mujeres zapateaban al ritmo de la música.*

**b.** before adversative conjunctions (*mas, pero, aunque,* etc.) **when the clauses are long**.

*En el silencioso pueblo de San Jorge, todo parecía dormir en calma a esas tempranas horas de la mañana; pero la actividad hervía ya en las cocinas de las mujeres que comenzaban las labores del día.*

If the clauses are short, a comma is sufficient.

*Todo parecía calmado, pero la actividad hervía en las cocinas.*

**c.** instead of a period to separate two sentences when the consecutive or adversative conjunction is embedded in the second sentence.

*No vino a verme; me sentí, por lo tanto, desilusionado.*
or
*No vino a verme. Me sentí, por lo tanto, desilusionado.*

*Me lo explicó; no pude, sin embargo, entenderlo.*
or
*Me lo explicó. No pude, sin embargo, entenderlo.*

**d.** to separate similar elements of a series when there is internal punctuation.

*Les escribimos al Profesor Martí, jefe del Departamento de Ciencias; a la Sra. Alonso, corresponsal de la revista* Más*; y a la Licenciada Ortiz, vicedecana de la Escuela de Derecho.*

**4.** Use a **colon** (*dos puntos*) . . .

**a.** before enumerations.

*Visité varios países: España, Francia, Italia y Grecia.*

*Hay tres problemas por resolver: la distancia de la estrella, su composición química y su luminosidad.*

    **b.** after the salutation that begins letters, speeches, etc.

*Muy estimada doña Luisa:*

*Muy estimado señor:*

*Querida Ana:*

*Señoras y señores:*

*Muy distiguidos colegas:*

    **c.** to introduce quotations.

*Me dijeron mis padres: «¡Ojalá que no!»*

*Explicó el autor: «No tenían la menor idea de lo que les pasaba».*

    **d.** to indicate that a second idea or piece of information completes or explains a previous one.

*El problema se hizo más complejo: nadie quería participar en el concurso, la directiva se negaba a cooperar y el dinero se acabó.*

**5.** Use **quotation marks** (*comillas*) . . .

    **a.** to mark direct quotes.

*Nos dijo: «Tenemos que trabajar más hoy si queremos terminar esta semana».*

    **b.** to make a word or phrase stand out.

*Estos son los «buenos» del grupo.*

    **c.** to indicate nicknames.

*Llamábamos a Miguel «El Flaquito» por su apariencia física.*

    **d.** to make a comment (affirmation, question, exclamation, etc.) of some sort about a word or phrase.

*El poeta utiliza la palabra «agua» para sugerir el transcurso del tiempo.*

    **e.** to indicate the titles of movies, poems, plays, stories, articles, and essays.

*Acabo de ver la película «Los reyes del mambo».*

**6.** Use **parentheses** (*paréntesis*) or a **dash** (*raya*) . . .

to insert explanatory information.

*Varios países (Ecuador, Perú y Chile) participaron.*
or

*Varios países —Ecuador, Perú y Chile— participaron.*

*Durante la Edad de Oro (1500–1700) floreció la literatura.*
or

*Durante la Edad de Oro —1500–1700— floreció la literatura.*

**7.** Use a **dash** to indicate dialogue.

*—¿A qué hora quieres ir? —le preguntó ella.*

*—No me importa. No tengo clases hoy.*

8. Use **brackets** (*corchetes*) . . .

    **a.** to insert clarifying or additional information within a quotation.

        *«Cada miembro [de la iglesia] firmó la carta».*

    **b.** to insert information within parentheses.

        *Participaron varios tribus de la península (castellanos, leoneses, lusitanos [portugueses], asturianos) en las guerras.*

9. Use **ellipsis points** (*puntos suspensivos*) . . .

    to indicate the omission of a word or words from a quote. (Some writers enclose the ellipsis in brackets.)

        *«La cucaracha . . ., ya no puede caminar».*

                        or

        *«La cucaracha [. . .], ya no puede caminar».*

Note: Remember that Spanish interrogative and exclamatory sentences begin with inverted punctuation marks.

*¿Quieres ir conmigo?*

*¡Claro que sí!*

## Correction Key

| Key | Definition and Meaning |
|-----|------------------------|

**AB**  *abreviatura*

—incorrect form of abbreviation

—inappropriate use of abbreviation

**AP**  *adjetivo posesivo*

—incorrect use of a possessive adjective when the possessor is obvious (for example, with parts of the body or articles of clothing)

**ART**  *artículo*

—incorrect form of article (definte or indefinite)

—use of article where it should be omitted

—omission of article where it should be used

**C**  *concordancia*

—faulty noun-adjective agreement

—faulty subject-verb agreement

—faulty antecedent-demonstrative agreement

**CJ**  *conjunción*

—incorrect or poor choice of conjunction

—omission of conjunction where one is required

**DES**  *desarrollo*

—problem with or a lack of logical development in a paragraph or in a longer composition (letter, essay, etc.)

**G**  *género*

—incorrect gender (noun, adjective, article, pronoun, demonstrative)

**M** *mayúscula / minúscula*

—improper capitalization

—improper use of lowercase letter

**MC**    *modismo coloquial*

—an expression used in informal conversation but not appropriate in more formal writing

—incorrect use of idiomatic expression

**O**    *ortografía*

—error in spelling or written accent

**P**    *puntuación*

—incorrect punctuation or lack of punctuation

**PC**    *pronombre complemento*

—incorrect object prounon (direct, indirect, reflexive, object of a preposition)

**P/I**    *pretérito / imperfecto*

—incorrect use of one of these tenses

**POS**    *posición*
—incorrect word position

**PR**    *pronombre relativo*

—incorrect relative pronoun

—omission of relative pronoun

**PS**    *pronombre sujeto*

—unnecessary or inappropriate use of subject pronoun

—omission of subject pronoun where it is needed

**REP**    *repetición*

—excessive repetition of a word or phrase

**S**    *subjuntivo*

—incorrect use of subjuntive

—failure to use subjunctive

**S/E**    *ser / estar*

—one of these used incorrectly in place of the other

**T**    *tiempo*

—incorrect choice of tense

—error in formation of tense

—incorrect sequence of tenses

**TR** *transición*

—problem in transition

—lack of transition within a sentence, between sentences, between paragraphs

**V** *verbosidad / verborragia*

—excessive wordiness, lack of conciseness

**V/G** *vago / general*

—vague, general

—lack of specific details or examples in paragraph or essay development

**VOC** *vocabulario*

—wrong word or poor choice of words

VP *voz pasiva*

—incorrect form of passive voice construction

—inappropriate use of passive voice

¶ *párrafo*

—problem in paragraphing (sequencing, change of topic, idea development)

## Photo Credits

*Chapter 1*   **Opener:** Ulrike Welsch Photography.

*Chapter 2*   **Opener:** Stuart Cohen/COMSTOCK, Inc. **Page 35:** Michael Keller/FPG International.

*Chapter 3*   **Opener:** Peter Menzel/Stock, Boston.

*Chapter 4*   **Opener:** Stuart Cohen/COMSTOCK, Inc. **Page 82:** Peter Menzel/Stock, Boston.

*Chapter 5*   **Opener:** Nancy D'Antonio.

*Chapter 6*   **Opener:** Peter Menzel. **Page 107:** Courtesy Jerry Ohlinger's Movie Material Store. **Page 115:** (top)© Stuart Cohen Photographer; (bottom) Topham/The Image Works. **Page 125 (center):** D. Ogust/The Image Works.

*Chapter 7*   **Opener:** Renate Hiller/Monkmeyer Press Photo.

*Chapter 8*   **Opener:** Stuart Cohen/COMSTOCK, Inc.

*Chapter 9*   **Opener:** Margaret Thompson/The Picture Cube.

*Chapter 10*   **Opener:** Spencer Grant/Monkmeyer Press Photo. **Page 195:** Peter Menzel. **Page 206:** Georg Gerster/COMSTOCK, Inc.

*Chapter 11*   **Opener:** Rogers/Monkmeyer Press Photo.

*Chapter 12*   **Opener and page 231:** Courtesy Archivo Cenidiap. **Page 238:** Courtesy Museum of Modern Art, New York.

## Realia Credits

**Page 19:** Pamphlet reprinted courtesy of Mission Branch, San Francisco Public Library (funded by a grant from the California State Library); **page 24:** Advertisement reprinted courtesy of CETYS University, Mexicali, Mexico; **page 35:** "El divorcio, transición sin pelea," (adaptation) reprinted from *Más,* mayo-junio, 1992, courtesy of Univision Publications; **page 40:** "Hombres famosos que se enamoraron de la hermana de su esposa," reprinted from *Vanidades Continental,* Año 31, No. 13, Editorial América, S.A.; **page 43:** "No deje que el cólico de su bebé la desespere" (adaptation), by Chiori Santiago, reprinted from *Más,* mayo-junio, 1992, courtesy of Univision Publications; **pages 58 and 59:** Cartoons reprinted courtesy of *¡Hola!*; **page 62:** "Ciclo de energía" (adaptation), reprinted from *Cosmopólitan en español.* Año 19, No. 8, Editorial América, S.A.; **pages 70 and 71:** "La dieta y el supermercado" (adaptation), reprinted from *Cosmopólitan en español,* Año 20, No. 6, Editorial América, S.A.; **pages 82 and 83:** "La Framboise" (adaptation), by Elly Levy, reprinted from *Miami Mensual,* noviembre, 1990, courtesy of *Miami Mensual Monthly Magazine;* **page 107:** "El mambo, rey del ritmo" (adaptation), reprinted from *Vanidades*